河北走向新型城镇化的实践与探索丛书

U0686934

# 激情跨越

## 河北省城镇面貌三年大变样谋篇布局

河北省城镇面貌三年大变样工作领导小组
河 北 省 新 闻 出 版 局 主编

河北出版传媒集团公司
河 北 人 民 出 版 社

# 《河北走向新型城镇化的实践与探索丛书》
# 编委会

# 序

　　美国经济学家、诺贝尔奖获得者斯蒂格利茨指出，在21世纪初期，影响世界最大的两件事，一是新技术革命，二是中国的城市化。面对城镇化的汹涌大潮，按照党的十七大"走中国特色城镇化道路"的要求，河北省委、省政府2007年底作出了城镇面貌三年大变样的战略决策，目的就是通过第一个三年大变样，第二个三年上水平，第三个三年出品位，打造近者悦、远者来的现代化城市。三年的时间转瞬即逝，三年的奋斗历历在目，三年的成就令人瞩目。这三年，注定在河北城市发展史上留下华彩乐章。回顾走过的日日夜夜，我们攻克一道道难关，经受一次次考验，创造一个个奇迹，凝结成加快改革发展的时代旋律，所有的艰辛付出都刻骨铭心，从中得到的锻炼和提高终生受益。

　　从拆违拆迁破题，迅速打开工作局面。拆是变的前提，2008年初打响的拆违拆迁攻坚战，拉开了"三年大变样"的序幕。从沿街拆违、拆临、拆陋到集中连片拆迁，从拆除燃煤锅炉、烟囱到搬迁重污染企业，迅速掀起了拆迁高潮。大规模的拆迁，彻底改变了长期以来修修补补、小打小闹的被动局面，在较短时间形成势如破竹、所向披靡的强大声势，形成了只争朝夕、大干快变的强劲态势。各地充分依靠和发动群众，创造性地开展工作，走出了阳光拆迁、有情拆迁、和谐拆迁的新路子。从开发企业主导拆迁到政府主导拆迁，从毛地出让到净地出让，从先拆迁后安置到先安置后拆迁，从实物回迁到货币安置，实现了城市建设与群众利益的和谐共赢。不仅拆出了宝贵的土地资源，拆出了城市发展的空间，更重要的是拆出了大变样的信心，拆出了大发展的斗志。

高起点规划，引领城市改造建设健康有序推进。把规划真正作为龙头，大手笔搞好规划。连续三年开展规划年活动，实施规划设计集中攻坚行动，着力解决"有没有"、"好不好"、"全不全"、"严不严"等重大问题。从区域性城镇体系规划到城市总体规划，从城市群规划到空间发展战略规划，从控制性详细规划到专项规划，从城市设计到规范导则，基本构建起层次分明、相互衔接、完善配套的规划体系。开门搞规划，引进国内外优秀规划设计单位搞顶层规划、顶层设计。实行规划全面、全过程的公布、公开、公示。经过三年攻坚，实现了规划编制由主要依托当地到面向国内外一流单位的转变，规划范围由城市规划到区域规划和城乡统筹规划的转变，规划决策由领导拍板到充分依靠专家和全体市民参与的转变，规划成果由专业部门掌握到"阳光规划"的转变，规划属性由技术性文件到公共政策的转变。

大规模建设，提高城市综合承载能力。立足于壮大中心城市，统筹中心城区与周边地区资源，拉开城市发展框架。全省设区市城市规模扩大了100多平方公里。把城市基础设施建设作为城市建设的重中之重，着力补欠账、强功能、成体系、扩延伸，主要设施指标大幅跃升，一批城市交通枢纽、商业商务中心、文体中心等大型公共设施拔地而起。积极倡导城市经营理念，深化城建投融资体制改革，从政府单一投资到多渠道筹资，初步构建起政府主导、政企分开、社会参与、市场化运作的新型投融资体制，走上了"以资源换资本、以时间换空间"的新路子。各地在城市建设中创出的速度、效率和奇迹，已经成为我们宝贵的精神财富。

加强综合整治，努力塑造现代城市风貌。坚持把改善大气和水环境质量放在首位，实施"三年大变样"环保行动计划，11个设区市空气质量全部稳定达到国家二级标准。开展污水垃圾处理攻坚，基本实现了县以上城市两场（厂）全覆盖，污水和垃圾处理率一举从三年前的落后省份跃居全国先进行列。积极创建园林城市，人均公园绿地大幅增加，创建了3个国家级园林城市、29个省级园林城市。实施市容市貌、河湖水系等十大整治工程，从单体建筑到景观建设的全要素，从主街主路到向小街巷、社区、单位庭院的延伸，从就事论事到统一的导则引路，综合整治由浅到深、由表到里，逐步走入标本兼治的轨道。全省评选出十佳公共建筑、十佳公园、十佳节能示范小区，竖起了标杆，记录了我们对生活质量和品位的不懈追求。

狠抓民生工程，大力改善城市居住条件。贴近市民、方便市民、体现市民的根本利益，一直是城镇面貌三年大变样工作的着力点和落脚点。省政府连续三年与设区市签订住房保障责任状，加快保障性住房建设步伐，初步构建起廉租房和公共租赁房为主体、经济适用房和限价商品房为辅助的保障体系，保障对象逐步从低收入住房困难群体向中等偏下收入住房困难群体等"夹心层"扩展。三年间，全省设区市完成289个城中村改造任务，大部分同步实现了"四转变"。推广建筑节能，发展绿色建筑，推进既有建筑供热计量和节能改造。实施城建便民服务工程，从主要街道改造到背街小巷整治，从建设公园广场到增加街头游园，从大型商贸设施到社区便民市场，城市建设不断向老百姓身边靠近。

推行精细化管理，全面提升城市运转效能。围绕解决管理的老大难问题，向改革要出路，理顺管理体制，实行重心下移，赋予区级政府更大管理权限，落实街道办事处的管理服务职能，调动了各方面的积极性。向科技要出路，推行精细化、标准化、数字化管理模式，11个设区市全部开通数字规划、数字城管、数字房管信息系统，走在了全国前列。经过三年努力，在一定程度上解决了城市重建轻管倾向，为城市管理由短期突击向长效管理转变、由粗放管理向精细管理转变奠定了基础，创造了条件。

创新推动机制，始终保持强劲工作态势。领导重视程度、推进力度、社会参与热情前所未有，省委、省政府多次研究部署，每月专题调度，每半年集中督查，每年评估考核。各市纷纷过堂会审、观摩拉练、评比排队，你追我赶、奋力争先。坚持创新、创造、创意、创举"四创并举"，深化规划管理、住房保障、投融资、城市管理、房地产行政审批、户籍管理等改革，出台40多部规章和政策性文件，编制近百项技术导则和标准规范，对城市的长远发展具有深远影响。连年举办城市规划建设博览会，组织学习考察、干部培训和重大课题研究，不断完善发展思路，更新发展理念。省人大多次组织视察，省政协积极建言献策，工、青、妇等社会团体开展丰富多彩的活动，形成了社会各界认同支持、广大群众拥护参与的良好氛围。

"三年大变样"不仅提升了城市综合承载能力，改变了城市面貌，而且产生了巨大的溢出效应，引发了思想观念大解放，带动了城市经济大发展，促进了经济发展方式大转变，推动了城乡统筹大跨越，催生了体制机制大改革，实现了城市民生大改善，激发了干部作风大转变。所有这些，必将转化为加快城镇化进程的坚定信心和宝贵财富，转化为科学发展、富民强省的强大引擎和持久动力。广大干部发扬连续作战、甘于奉献精神，推进工作不讲条件，完成任务拒绝理由，涌现出一大批感人事迹和模范人物。所有亲身经历了"三年大变样"的燕赵儿女，所有关心支持河北城镇化建设的各界人士，都有理由为我们取得的成就感到自豪!

今后三年，是河北省推进科学发展、加速转型升级的关键时期，加快城镇化和城市现代化进程，关系经济社会发展的全局。省委、省政府明确提出，要在城市的环境质量、聚集能力、承载功能、居住条件、风貌特色、管理服务六个方面上水平，这既是基本目标，也是实现路径。要把握发展趋势，加快转变生产和生活方式，运用先进技术和手段，更好地促进人与自然和谐相处；推进城市与产业融合发展，培育具有核心竞争力的城市经济，打造财富积累的战略平台；增强城市建设的前瞻性、系统性，构建高效率的运行服务体系，提高城市的影响力；最大限度保障群众住房需求，推进公共服务向社区延伸，让老百姓充分享受安居乐业的美好生活；用地域文化滋养城市，努力建设"山水城市"、"田园城市"，焕发城市的生机和活力；推进管理体制和机制创新，充分运用现代科技成果，最大限度地节约管理成本，提高管理效率。

创新是城市发展的动力。要创新建设理念，把宜居家园、智能城市、可持续发展的先进理念转化为河北城市发展的强大动力。要创新工作思路，狠抓规划设计，狠抓项目建设，狠抓专项攻坚，狠抓改革开放，狠抓技术手段，用新思路、新办法解决河北城镇化发展的各种问题。要创新推动机制，开展城市对标，改进评估考核，促进工作开展。

干部能力的高低在很大程度上决定着工作的成败。要提高学习能力，把学习贯穿到"三年上水平"的每一个阶段、每一个领域、每一个环节。要提高创新能力，冲破一切妨碍发展的思想观念，改变一切束缚发展的做法和规定，改革一切影响发展的体制机制，闯出一条加快城市发展的新路子。要提高攻坚能力，以百折不挠的决心和毅力，一个问题一个问题地解决，一个战役一个战役地推进，一个阵地一个阵地地突破，不达目的决不收兵。

志若不移山可改，何愁城乡不变样。回顾过去的三年，我们深感欣慰和自豪。展望未来的三年，我们肩负着重大使命和责任。本书选录的部分党政领导同志和专家学者的文章，既有对城镇化和城镇面貌三年大变样深深的思索，又有对城市未来的展望和对实现路径的探求，相信会对各级干部群众推进城镇建设上水平、出品位带来启迪。我深信，只要全省上下众志成城，奋力拼搏，繁荣与舒适现代化城市的目标一定会实现，河北的明天一定会更加美好！

河北省人民政府副省长 宋恩华

2011年8月26日

# 目 录

究推进。同时，对其他一些重大问题，包括加强党政领导干部队伍建设、培育创新人才，加快推进河北生态文明建设等，都要认真思考和研究。诸如此类的重大战略问题，每个题目都是一篇大文章，都要在实践中积极探索和破解。

这次领导干部研讨班，重点是研讨加快河北城镇化进程问题。在这方面，理论界有众多的论述和看法，对于我们做实际工作的同志来讲，关键是如何从当前河北的发展水平出发，不失时机地推进城镇化建设。现在不管是在理论界还是在实际工作中，大家已经达成这样一个基本共识，即现代化的过程就是工业化和城镇化的过程。当然，这个过程是建立在农业扎实发展基础上的。同时工业化和城镇化也要走全球化、市场化、信息化的路子，这是新的更高要求。在这个问题上，大家的认识也是相同的。我们这次研讨班，就是要认真总结国内外的实践经验，围绕推进城镇化的重大意义、基本内涵和工作要求等问题，进一步深入研究，以不断提高思想认识和工作水平。

**一、加快推进城镇化建设必须明确城镇化的基本内涵，坚持以城乡面貌的不断改善体现现代化建设成果**

在推进城镇化建设的进程中，首先必须搞清楚两个重要的关系。一是城市规划、建设和管理与城镇化的关系。城市的规划、建设、管理并不代表城镇化的全部内涵，但推进城镇化必须加强城市的规划、建设、管理，因为这是推进城镇化的基本载体，没有城市就谈不上城镇化。我们为什么提出来城镇面貌三年大变样？就是要通过加快城市的规划、建设和管理，为加快全省城镇化打造一个良好平台或载体。也就是说，我们是把"三年大变样"作为当前加强城市规划、建设和管理的一个切入点，力争通过十年左右的努力，把河北的设区市特别是中心城市初步建成现代化城市。在这十年中要分几步走，一步步地向这个目标迈进，"三年大变样"就是其中一个初步的、阶段性的目标。二是城镇化同城镇化率的关系。城镇化率是考察城镇化的一个重要指标，但更重要的指标，是要看城市功能是否完备、品位高不高、作用发挥得如何。按照通常的统计，河北的城镇化率已经达到40%以上，这个数字是根据常住城镇人口除以全省总人口得出的，只是城镇化的一个指标。看一个地方城镇化水平高低，不能只看城市的规模和人口，而要看这个地方的城市能不能培育更多的优势产业，能不能为创业者提供更多获得财富的机会，能不能把更多优秀人才吸引过来；是不是做到了生活环境良好，非常适于居住，让人们感觉在这样的城市里生活就是一种享受。总之，城镇化水平不仅仅是城镇化率所能全部涵盖的，也不是只靠城市规模大小和人口多少所能体现的，关键是看城市的规划、建设、管理水平，看城市的功能和价值如何。在这方面，我们必须有一个明确的认识。

从一定意义上讲，城镇化已经成为现代化建设成果的一个重要标志。改革开放30年来，我们取得了举世瞩目的伟大成就。这个成就体现在哪里？很重要的一条，就是要体现在城乡面貌的变化上。北京奥运会期间，许多外国人看到北京的道路、建筑、公园和文化，都感叹中国改革开放30年真是取得了了不起的成就。这个评价不是通过了解老百姓腰包里有多少钱、北京GDP增长多少得来的，而是北京城市面貌的直观反映。现在我们到一些沿海先进省份考察，就会看到那里的村庄与城市已经没有多大区别了，原来是"走过一村又一村"，现在是"走过一城又一城"。这一历史性的变化，也是中国改革开放成果的生动体现。

在推进改革开放和现代化建设中，我们一定要把改变城乡面貌放在十分重要的位置来抓。要善于把河北放在全国乃至世界的范围内进行对比审视，进而确定自己的方位。现在河北的城市和农村面貌到底处在什么档次？要在比较分析的基础上，有一个清醒的认识。不要总习惯于纵向思维，自己和自己比，而要注重横向比较，这样才能有紧迫感。现在河北不是没有条件把城市建设管理好，不是没有能力让农村改变面貌，问题主要出在思想观念和工作摆布上。在10年甚至15年前，许多省会城市进行大规模改造的时候，他们的经济实力还不如现在的石家庄。沿海地区农民年收入超过3000元时，就开始大规模改造民房和居住设施，而我省农民年收入已经接近5000元了，完全可以让农村面貌有个大的改变。经济发展了、物质财富增加了，总要体现在一定的投资和消费上，这就有一个如何正确引导的问题。要积极引导农民把积累往发展生产方面投、往改善居住环境方面投、往提高个人消费需求方面投。对此，我们一定要搞好统筹规划，把更多的财力和物力用到城乡建设上，努力使全省城乡面貌有一个大的改观。

## 二、城镇化是更具全局性和长久性的发展动力，加快河北的现代化必须在城市改造建设上迈出更大步伐

城镇化事关全局、事关长远，是现代化建设中的一个重大战略问题。城镇化的推进过程，涉及产业结构优化、人口结构调整、城乡统筹发展和生态环境建设等方方面面，牵一发而动全身，具有多重功能，本身就是推进经济社会发展的过程。在全面建设小康社会新的发展阶段，我们要进一步加快河北的现代化进程，就必须在这方面迈出更大步伐。

现在我们进行城市改造建设、加快河北的城镇化进程，具备天时、地利、人和。所谓天时，就是有党中央的坚强领导，有科学发展观的正确指引；所谓地利，就是我们拥有很好的区位条件，有着坚实的物质基础；所谓人和，就是全省安定团结、社会大局稳定。在这个时候，如果不下大力推进城镇化，就会再次丧失机遇。同时也要看到，城镇建设历来充满希望与机遇，但也往往令人忧心忡忡。因为进行城市的改造建设，不仅难在房子拆迁等具体工作上，更难在新旧思想的碰撞、新老观念的冲突上。出现思想碰撞的原因是多方面的，有的人很正直但思想陈旧，所以对城市改造建设的一些做法不理解；有的人则因为个人利益问题或其他一些因素，对这项工作持消极态度。但更多的还是因为一些干部不适应时代发展的趋势产生的。所以，我们做任何事情，都不要期望一开始就能完全自觉地认识一致、百分之百地思想统一，只要经过充分论证，认为是必须的、可行的，而且是利大于弊、长远利益高于眼前利益的，就要强力推进，在推进中提高认识、在实践中统一思想。否则，什么事情也办不成。正是基于这样的认识和考虑，我们提出了全省城镇面貌三年大变样的要求，并在实际工作中毫不动摇地加以推进。

应当肯定，一年来各市在这方面都做了大量工作、用了不少气力，市容市貌也相应发生了许多变化。但各市的工作进展并不平衡，取得的成效也大不相同。出现这种情况，主要原因不在于条件的差异，更多的是因领导重视程度、求真务实程度和工作推进力度不同造成的。这也再次表明，加快城市改造建设和城镇化进程，必须做到思路清晰、真抓实干。如果把这项任务仅仅当做一般性的工作来

抓，不推不动、形不成气候，就很难见到成效。当然，城市改造建设也是一个由量变到质变的过程，没有若干年的努力是不行的。但一些地方的确存在着工作标准不高、推进力度不大的问题。有的规划设计与现代城市发展理念相差甚远，城市建设品位不高，满足于修修补补、小打小闹，只搞一些花花草草，始终走不出小气、土气的旧思维和旧理念。坦率地说，到目前为止，我还没有看到在城市改造建设上的大手笔。所以，我们既要充分肯定一年来取得的成绩，更要看到这项工作只是有了一个好的开端，下步的任务非常艰巨，必须进一步统一思想、深化认识，不断增强搞好城市改造建设的自觉性和坚定性。

——要深刻认识到，城镇化是现代化的一大主要引擎，只有加快新一轮城市改造建设步伐，才能更好地用繁荣城市经济这把钥匙破解发展难题、活跃经济全局。世界发展到今天，城市在经济社会发展中扮演着决定性的角色，具有全局性、持久性的拉动作用。正如前世界银行副行长、诺贝尔经济学奖获得者斯蒂格利茨所说的那样：21世纪对全人类最具影响力的两件大事，除了新技术革命之外，就是中国的城市化。从经济层面来看，城市是国民经济的载体，是现代科技的发源地和孵化器。国家之间的竞争、地区之间的竞争，很大程度上是城市之间的竞争。没有城市经济的繁荣，就不可能有效带动全社会的消费和生产，这是一个基本规律。从河北的发展状况来分析，经济总量不小，但竞争力不强，一个重要原因就是城镇化进程滞后、城市竞争力不强。2007年，城镇化率为40.3%，低于工业化率7.6个百分点，低于全国平均水平4.7个百分点，与发达地区相比差距就更大了。如果再进一步分析，设区市市区人口仅为1255万，占全省人口的18.1%，这与先进省份又是一个很大的差距。基本现实告诉我们，必须切实转变单纯依靠工业化带动经济增长的惯性思维，采取有效措施，把城镇化的巨大潜能充分释放出来。

——要深刻认识到，城市是先进生产力的聚集地，只有尽快完善城市功能、增强承载能力、提升产业层次，才能发挥出城市聚集生产要素、促进发展方式转变的重要作用。经济活动向城市集中，生产要素向城市集聚，是现代经济发展的基本趋势。当今世界90%以上的生产力集中在城市。从河北情况看，18.1%的城市人口，创造了全省1/3的经济总量、50%以上的财政收入；城市人均

GDP和人均财政收入，是全省平均水平的2倍和3倍。唐山市在全省经济总量最大，财政收入最高，城市的人口也最多，占全市人口的42%。一些发达省市也是这样，广东经济总量占全国的1/8，地级以上城市人口占全省人口的53.2%；江苏省地级以上城市人口占全省人口的37.6%。通过对比分析我们就会发现，城市的发展水平与整个经济社会的发展水平紧密相连，城市的综合承载能力增强了、品位提高了，就能够吸引高端人才和优势产业，就能够聚集起旺盛人气和社会财富。而且，城市改造建设的过程，也是一个充分利用宝贵的土地资源、提升产业层次的过程。十年前，一些省份就在搞"腾笼换鸟"，而我省的城市还有那么多土地让违章建筑、低矮破旧建筑占据着，甚至把城市的"金边银角"都给占用了，这就好比金丝笼里养了个麻雀，实在可惜呀！所以，我们必须下决心搞好新一轮城市改造建设，加快城市空间布局、生产力布局的调整，使城镇化真正成为实现经济转型的持久动力。

——要深刻认识到，以工促农、以城带乡是统筹城乡发展的战略举措，只有迅速提高中心城市的辐射带动能力，才能加快形成城乡经济社会发展一体化新格局。党的十七大提出了走中国特色城镇化道路的战略思想，最近召开的十七届三中全会又对统筹城乡经济社会发展，构建新型工农、城乡关系作出了新的部署。对此，我们必须结合实际，认真学习贯彻。需要明确指出的是，城镇化的过程是一个涵盖城镇和乡村生产生活方式转变、推动城市文明向农村延伸的过程；农业现代化的过程，也是农业产业化、农村工业化和城镇化融合发展的过程。要从根本上解决好农业、农村、农民的问题，必须跳出"三农"抓"三农"，充分发挥城镇化的带动作用。我们目前进行的新一轮城市改造建设，一个很重要的目的就是按照以工促农、以城带乡的要求，进一步增强中心城市的辐射带动能力，推进城乡基本公共服务均等化，实现城乡协调发展；就是要把推进城镇化与解决农村问题结合起来，使之成为改变城乡二元结构、促进城乡协调发展的推动力，让农民更多地享受到工业化、城镇化的实惠。目前河北还有60%的人口在农村，统筹城乡发展是长期而艰巨的任务。随着城镇化进程的加快，今后每年将有不低于100万的农村人口转移到城市和城镇，这不仅会使留下来的农民增加生产资料和经营收入，也能让转移出来的农村劳动力创造更大财富。从这个意义上讲，我们目前所进行的城市改造建设，就是统筹城乡发展的一个重要切入点。通过城市功能的完善、城市经济的繁荣，可以更好地带动农村第二、第三产业的发展，促进先进生产技术和管理方式向农村扩散、基础设施向农村延伸、公共服务向农村覆盖、现代文明向农村扩展。同时，在城市的快速发展中，还可以创造更多的就业岗位，促进农村劳动力向城市有序转移，在减少农民中富裕农民。

——要深刻认识到，改善生态环境和居住条件是坚持以人为本的重要体现，只有努力把城市建设成环境优美、生活舒适的居住地，才能使人民群众共享城市文明成果、不断满足过上更好生活的新期待。在全面建设小康社会新的发展阶段，人民群众的新期待就是经济繁荣、生活富裕、环境良好。我们坚持以人为本、执政为民，很重要的一个方面，就是要体现在改善城市的生态环境和居住条件上。经过几十年的建设，我省已经形成了11个中心城市，城市的发展有了一定基础。但与先进省份及其他一些兄弟省份相比，我们的城市面貌还比较落后，城市建设和管理水平与人民群众的要求很不适应，老百姓的认可度不高。有的地方把工业企业尤其是污染企业摆在城市的中心，甚至在居民区里还有工厂，烟囱林立、乌烟瘴气，再加上花草树木、公园绿地又少，群众对城市的观感可想而知。这种状况有客观的、历史的原因，不能一味地怨天尤人。但在改革开放30年后，在人民群众的强烈期盼面前，如果再不改变这种局面，那就是不负责任了。各级领导干部尤其是城市管理者要痛下决心，在比较短的时间内解决人民群众反映强烈的城市规划、建设和管理问题。特别是石家庄作为河北的省会，作为我们党在解放战争中拿下来的第一座城市，在这方面更要有责任感和紧迫感。在这个城市里工作，就要热爱这个城市，努力为人民群众创造美好的生活环境。

**三、推进城镇面貌三年大变样必须按照繁荣与舒适的要求，努力向现代城市目标迈进**

推进城镇化的过程，最终要表现为城镇化率的大幅度提高和区域中心城市的现代化。现代城市发展的终极追求，核心是两条，一是经济的繁荣，一是居住的舒适。我们进行城市改造建设，要始终把握住这两条，以"三年大变样"为载体，进一步加快区域中心城市现代化步伐。河北地处环渤海中心地带，具备较好的经济基础。我们应该有这样的雄心壮志，应该有这样的胆识和气魄。

城市现代化是城市经济、政治、文化、社会全面发展，由传统社会向现代社会转变的过程。纵观发达国家和先进地区城市建设的实践，现代城市至少应具备以下几个特点：一是优势突出的现代产业支撑。在产业体系的形成和演变过程中，不追求面面俱到的产业门类，一般都突出几项强势产业，形成独具优势的核心竞争力。二是完备高效的要素集散功能。人流、物流、资金流、技术流和信息流等在此汇集流转，充当着区域金融服务中心、经济活动调控中心、商品贸易和服务转移中心的角色。三是实力雄厚的自主创新能力。科技资源丰富，科教事业发达，高科技人才密集，形成新观念、新知识、新技术的创造高地，发挥着创新先锋的影响力和作用力。四是魅力彰显的城市规划建设。规划布局合理，建设独具匠心，具有一批展示个性魅力的标志性建筑和精品工程，形成不可替代的靓丽名片。五是适宜人居的良好生态环境。基础设施完善，生活环境优美，既是生产要素的高效聚集地，又是高品位生活的优良居住地。六是体现时代特点的先进文化。有着高水平的城市管理和市民素质、继承历史文脉与体现时代风貌相结合的人文精神、丰富多彩的文化活动和蓬勃发展的文化事业，充分展示城市的内在素质和活力。

以上六个基本特点，是衡量一个城市是否进入现代城市行列的重要标志，是我们进行城市改造建设的努力方向。在今年6月的全省城镇化工作会议上，我们提出了实现城镇面貌三年大变样的五条基本目标，即环境质量明显改善、承载能力显著提高、居住条件大为改观、现代魅力初步显现、管理水平大幅提升。这五条目标，符合城市现代化的发展方向，是我们向现代城市迈进的阶段性要求。

坦率地讲，对照现代城市的发展要求和"三年大变样"的五条基本目标，无论是发展理念还是规划建设标准，各地都还有很大差距。我们必须横下一条心来，不管东西南北风，咬住目标不放松，调动一切可以调动的力量，发挥方方面面的积极性，扎扎实实地将既定部署落到实处，让老百姓看到我们的城市一天天在变美、变好、变靓。当前，要努力在以下几个方面尽快取得实质性突破。

　　一是城市规划要从严从细、坚持高标准。城市的总体规划、分项规划和重要的单体建筑设计，是决定城市品位的源头，也是各级政府指导和调控城市建设和发展的基本手段。李瑞环同志指出，"城市建设第一位的工作是城市规划。规划是城市建设的蓝图，是城市管理的依据，也是城市发展的目标。没有好的城市规划，就不可能把城市建设管理好"。现在一些地方之所以城市建设出现失误或者说建设得不理想，说到底是城市的规划设计有问题。一些城市的领导者、管理者和城市的规划师、工程师、建筑师，因为知识维度不足、个人好恶甚至自身的某些利益，常常将科学的、复杂的、系统的城市建设和管理，掺入一些短期的、片面的、个人的行为，导致规划设计陈旧落后、品位低下，为城市建设留下败笔。对规划的制定和实施要讲三句话：第一句话，理念要创新。城市规划的核心任务是按照以人为本、科学发展的要求，以维护国家利益、群众利益为目的，以繁荣与舒适为追求，科学调控空间资源，合理布局产业和居民生活区，实现经济、社会、生态的协调和可持续发展。城市规划作为政府行为，不仅要对城市内部开发与发展作出安排，同时要对城镇区域和城乡协调发展进行调控。我们进行城市规划，就要按照这一要求，在提高品位、突出特色、完善功能、合理布局等方面下功夫。特别要注意搞好城市的产业布局，防止简单地搞功能定位不明确的所谓组团发展。现在我们的许多城市，楼房蹲在马路边、街道两边搞连体低矮楼房、十字路口建筑45度角开门，街道树木不加选择、市区建筑过密、城市色彩不明快，这些都反映出城市规划设计缺乏科学理念的指导。在新一轮城市改造建设中，要下决心更新规划设计理念，使我们的城市变得通透、靓丽起来，体现出现代魅力。第二句话，市场要放开。不管是总体规划、专项规划、小区规划的制定，还是一个街景规划和单体建筑的设计，都要引进竞争机制，采取公开、平等、择优的办法，提高规划设计的质量水准。要进一步改革规划的编制和审批办法，真正把国内外一流规划设计单位引进来，把能人、高人、大师请进来，坚决防止内部垄断规划设计市场。第三句话，执行要严格。牢固树立规划即法的意识，切实维护规划的严肃性。城市规划一经确立，就必须严格执行，任何单位和个人都要无条件服从。我们的城市建设之所以存在这样那样的问题，规划水平不高是一个方面，规划得不到很好的执行也是一个重要原因。现在各市的违章建筑大体占整个建筑面积的5%以上，可见规划的执行多么不严肃！好的规划得不到很好的执行，不仅会造成很大浪费，更为严重的是会打乱城市建设布局，影响党和政府的公信力和执行力。要切实加强对规划的实施管理，坚决杜绝违法、违纪、违规审批项目的现象，使城市规划得到不折不扣的执行和落实。在建筑规划设计中，还要注意一个问题，就是要搞好地震安全性评估，切实提高防震减灾能力。无论是城市建筑还是新民居建设，都要避开地震活动断层，按抗震要求科学设防，确保新建工程尤其是学校、医院等公共建筑达到安全抗震标准。

二是城市改造建设要有目标、有进度。推进城市改造建设不能顺其自然，必须分解目标，明确责任。真抓实干、干事创业的干部，喜欢目标明确、量化细化；而那些不负责任的人、混日子的人，则习惯于混混沌沌一锅粥。河北的老百姓非常好，他们大都能从大局着想，对我们的工作给予充分的理解和支持。如果说有阻力的话，那绝不是来自于群众，而是来自于干部！城市建设水平是老百姓评价政府及其职能部门、评价各级干部是否有作为的重要内容。作为城市的领导干部，如果不能把自己的城市建设好、管理好，怎么能算是合格呢？我们一定要以只争朝夕的精神做好工作、以拒绝理由的态度完成任务。要继续下大力搞好城市拆迁。搞城市建设不存在拆多拆少的问题，而是该拆的是不是拆了。目前城区拆迁虽然取得了一定进展，但不能有点成绩就满足、有点变化就松懈，要进一步加大力度，以更快的进度、更高的标准搞好拆迁工作，确保按期或提前完成任务。要继续下大力改善大气质量和水质。在城市改造建设过程中，广大群众需要扩大居住面积、需要提高生活水平，但最关心的首先是大气和水的质量。我们讲以人为本，就要从这些具体事情抓起，把改善大气和水的质量放在第一位。石家庄"三年大变样"的最大成果，就是在完成900万平方米拆迁任务的同时，把200万吨的焦化煤气厂停掉了，减少了二氧化硫、氮氧化物和烟粉尘的排放。特别是可吸入颗粒物每立方米下降了0.012毫克，这是尤其令人高兴的。在下步工作中，各地要进一步采取综合措施，搞好城市大气污染和水污染治理，加快市区严重污染企业搬迁改造工作，力争提前完成目标任务。要继续下大力抓好主次干道的综合治理。首先要确立色彩基调，确保人行道地面色彩、建筑物立面色彩、街道小品的单体色彩统一协调、生动和谐。临街单体建筑要穿衣戴帽，街道小品、街头绿地要重视功能性、体现装饰性，给城市形象添上神奇的点睛之笔。街道两旁的广告要有艺术性和相关性，道路拓宽要与路网加密有机结合，并实行强制管线入地，努力提高视觉美感和交通通行能力。道路设计、地基密度和材料使用都要实行标准化，照明、供水、输气、通讯等要统筹安排，同时下大力搞好城市出入口的集中整治。要继续下大力打造标志性建筑。城市的魅力直接来自于具有地标性的精品力作，一些国际大都市之所以享有很高知名度，就是因为形成了一批具有象征意义的城市亮点。如纽约的帝国大厦、自由女神像、中央公园，北京的故宫、颐和园、水立方、鸟巢等。我们每个城市也都要从实际出发，下决心谋划建设一批展示城市魅力的标志性建筑，让人们流连忘返，留下深刻印象。

三是城市管理要有新方法、新举措。三分建设、七分管理，是城市发展的黄金定律。没有管理水平的提高，建得再好也不能算一个现代化的城市。在进行城市改造建设中，要克服重建轻管的倾向，以推行精细化、标准化管理为核心，以建立高效的城市管理体制和采用先进管理手段为举措，以服务人民群众和提高市民素质为根本，努力把城市管理提高到一个新水平。这里，我建议各市认真研究一个问题，就是如何调动各级的积极性，尤其是区一级的积极性。在城市建设管理中，如果没有区一级的积极性，所有事情都由市里大包大揽，靠市政府和建设、规划等几个部门去抓，城市是建不好、也管不好的。现在为什么有的地方城市改造只是几个点在动，没有全面开花，而市政府却感到很累呢？就是区一级的积极性没有充分调动起来。要在改革体制机制上下功夫，进一步明确职责，大胆地下放权力，市里管规划、管重点、管大的公共设施，大量的具体任务由区里负责落实。同时，还要从小处着眼、从群众的需求入手，把管理内容具体化、管理指标明确化、管理责任区域化，横向到边、纵向到底、责任到人。要深入贯彻人民城市人民建、人民城市人民管的方针，靠教育提升意识，靠制度约束行为，使城市管理工作得到全民的真切理解、广泛支持和积极参与，在广大市民中树立起讲秩序、讲文明、讲诚信的良好风气。

**四、搞好新一轮城市改造建设必须抓住干部队伍这个保证，下大力提高干部素质、转变工作作风**

"三年大变样"能不能变为现实，关键取决于干部队伍素质能不能有一个大的提高、工作作风能不能有一个大的转变。同样是贯彻落实省委的部署，为什么有的地方能够迅速打开局面、取得积极进展，而有的地方却工作推动不力、没有形成声势？说到底是干部素质和工作作风的原因。现在有一个问题要引起高度注意，就是有的地方由于少数部门、个别干部的问题，导致整体工作进展缓慢，甚至把来河北创业的投资商也给赶跑了。对此，要在加强教育的基础上，抓住典型案例严肃处理，决不能让那些不作为、乱作为的人成为阻碍事业发展的绊脚石。

开展新一轮城市改造建设，要求各级干部必须下大力提高执行能力，真正做到有真才实学、能真抓实干。提高执行能力，就是要善于把思路变成举措、把举措变成行动、把行动变成成果。有真才实学、能真抓实干，就是要增强悟性、克服惰性，善于创造性地延展上级要求、扩大工作成效，在主动作为中开创工作新局面。对各级干部来讲，提高素质是基本的要求，干成事业是唯一的标准。推进"三年大变样"，主要不是看各级干部讲了什么，关键看我们做了什么、城乡面貌是否发生了实实在在的变化。我们一定要在实践中检验干部、锻炼干部，为实现"三年大变样"提供有力保障。

第一，要认真学习掌握城市建设管理知识。作为一个城市的领导者和管理者，我们不可能直接去搞城市的规划设计，主要职责是在科学决策、民主决策、依法决策的基础上，组织方方面面的力量高质量高效率地进行具体实施。而要做到这一点，就必须了解城市建设管理的基本知识，特别要熟悉和掌握基本的决策程序和管理原则。如果在这方面知之甚少或一知半解，就难以完成新一轮城市改造建设任务，甚至会越搞越糟。比如，现代城市通常要求是开阔疏朗、便利通畅，而我们有的地方搞城市建设只会做"加法"，不会做"减法"，甚至在公园和绿地广场旁边，也见缝插针地建上一两栋楼，致使建筑密度过大，不仅使城市显得非常拥挤，同时给交通、消防等带来一系列问题。比如，现代城市的开敞式空间很多，城市公园和绿地游园都是开放式的绿岛，而我们有的地方却习惯于处处围高墙，把满园春色关起来，使城市有树不显绿、有园不见秀。再比如，单体建筑与整体景观的和谐统一是城市科学的一般规律，但有的地方却不注重街道和社区建设的整体设计，单个楼看起来还像模像样，放在整体背景中去看就显得不伦不类。所有这些，都充分反映出一些干部在城市建设管理方面理念的落后和知识的欠缺。城市的各级干部一定要带头学习城建、研究城建，特别是搞城市建设和管理的同志要真正钻进去，努力成为这方面的行家里手，千万不能不懂装懂，搞瞎指挥。城市建设既是一门科学，又是一门艺术，投入进去就会使人着迷，就会整天想着这条街道怎么改造，那座建筑怎么设计，昨天布置的任务完成到了什么程度，今天应当干好哪些事情。达到了这样的境界，才能搞好新一轮城市改造建设，使河北的城市面貌发生大的变化。

第二，要努力锻造攻坚克难的过硬作风。打好"三年大变样"这场攻坚战，必须有坚强的意志和过硬的作风。干事业的过程，就是不断解决问题、克服困难的过程，如果事情都那么好干，还要我们干部做什么！我曾经讲过，不管做什么工作，决心和信心是首要的。看准了的事情，不管遇到多么大的困难，都必须坚决推进。现在是城市改造建设成本最低的时期，错过了这个时机，我们搞城市拆迁和建设，就要付出更大的代价。要善于发现机遇、用好机遇，使各项工作变被动为主动，在战胜挑战中实现新的突破。在开展新一轮城市改造建设中，要把担子压到每个人身上，干得好就奖，干不好就罚，真正做到奖罚分明。为了推进城镇面貌三年大变样等各项重点工作，年底前，省委、省政府要逐一听取各市工作汇报。谁要光忽悠不干事，就要给予批评。

第三，要切实提高创新创造的能力。搞城市改造建设，要面对艰巨繁重的拆迁任务，面对数额巨大的资金需求，面对千头万绪的城市管理，必须提高创新创造的能力。城市改造和建设关键是思路问题、胆略问题、气魄问题，必须有超常的气魄，敢于突破"不可能"的思维局限，勇于创造奇迹。要善于举一反三、活学活用，把外地经验变成自我加压、负重奋进的动力，变成打开思路、克服困难的法宝。城市本身是一份可以大幅度增值的资产，当然搞不好也可能迅速贬值。要用创新的思维解决城市建设资金问题，坚持政府主导、市场化运作，探索建立多元化投入机制。对重大建设项目，可以成立专门投资公司，也可以整体发包，以此为平台引进战略投资者、吸引民间资本。要做足做好土地文章，有计划地将城区拆迁腾出的土地、城市规划区内存量土地推向市场，通过竞价拍卖、抵押贷款等方式筹集建设资金。要正确处理加强城市建设与改善乡村面貌的关系，在集中力量完成城市改造建设的同时，切实抓好小城镇建设和新民居建设，真正实现城乡协调可持续发展。

城镇面貌三年大变样是一项具有全局意义的重要工作，对这件符合中央精神、切合河北实际、顺应人民群众愿望的事情，要始终抓住不放，不见成效不收兵。我们相信，通过全省各级干部的共同努力，一定能够打造出令世人刮目相看、让老百姓感到自豪自信的现代城市，把河北"城市像农村"这个帽子甩到太平洋去！为全省6900万父老乡亲争光。明年，我们要以更大的决心、更强的力度、更高的水平，全面推进城市改造建设，向国庆60周年献上一份厚礼。

（本文为中共河北省委书记张云川2008年11月3日在全省加快推进城镇化建设领导干部专题研讨班上的讲话）

◎ 变美的石家庄

# 紧紧围绕繁荣与舒适两大目标
# 推进城镇化和城市现代化迈出新步伐

张 云 川

城镇面貌三年大变样是省委、省政府着眼于推进科学发展、富民强省，作出的一项具有全局和战略意义的重大决策，推动河北城镇化和城市现代化建设迈出了坚实的步伐。要继续深入实施城镇化战略，推动城镇建设三年上水平，促进我省在实现又好又快发展进程中取得新的更大的进步。

## 一、全面总结城镇面貌三年大变样的成效和经验，进一步提振广大干部群众的信心和决心

三年前，省委、省政府在学习贯彻党的十七大精神过程中深深感到，城乡结构不合理、城镇化尤其是城市化水平低，是制约河北现代化进程的主要矛盾之一。省委七届三次全会提出了全省城镇面貌"一年一大步、三年大变样"的要求。三年来，经过各级党委、政府和广大干部群众的共同努力，"三年大变样"的目标任务如期实现，全省城镇面貌发生了明显变化。

这三年，城市环境质量实现了新变化，最为重要的标志是天变蓝了、水变清了、生态环境改善了。与2007年比，空气质量二级及以上天数增加20多天。城市绿地面积增长27%，人均公园绿地面积增长36%。所有城市、县城全部建

成垃圾处理场、污水处理厂，垃圾无害化处理率和污水集中处理率分别提高48个和31个百分点。城市水源地水质、河流水质全部达标。

这三年，城市承载能力实现了新变化，最为直接的感受是道路宽畅了、设施增多了、功能更加完备了。三年完成的城市基础设施投资相当于前七年的总和。新建高速公路1454公里，城市新增道路2500多公里，人均道路面积增长20%。建成一批城市交通枢纽、商业中心、文化体育中心等大型公共服务设施，供水排水、供热供气、电力通讯等基础设施明显增强。

这三年，城市居住条件实现了新变化，最为显著的成效是住房改观了、生活改善了、群众幸福感增强了。建设保障性住房和棚户区改造住房44万套，解决了48.2万户住房困难家庭的住房问题。400多个功能不健全、设施不配套、环境脏乱差的旧小区得到改善，受益群众22万多户。完成289个城中村改造，10万多户村民乔迁新居。以廉租住房和公共租赁房为主、经济适用住房和限价房为辅的住房保障体系初步建立。

这三年，城市个性魅力实现了新变化，最为鲜明的特征是品质提升了、特色显现了、现代气息更浓了。拆迁改造了大批危陋违章建筑，全面整治主要街道两侧建筑外观和街道景观，打造了一批示范街区。推出一批建筑精品、亮点工程和特色景观，有的突出山水特色，有的打造文化品牌，有的彰显历史古韵，有的充满现代气息，城市的特色更加明显。

这三年，城市管理水平实现了新变化，最为突出的表现是秩序改善了、机制建立了、文明程度提高了。各设区市投入数亿元编制各类城市规划，对城市总体规划进行修编，基本实现控制性详细规划全覆盖，初步形成专项规划相衔接、技术导则相配套的城市规划体系。实行市、区、街三级管理模式，建成数字化城市管理平台，城市秩序明显改善。市民素质不断提高，人人关爱城市环境、全民参与城镇建设的氛围日益浓厚。

"三年大变样"的扎实推进，不仅带来了城镇面貌的明显变化，更重要的是带来了思想观念、精神状态、能力素质、体制机制以及经济社会发展等诸多方面的深刻变化，创造了许多可资借鉴的好做法、好经验，必将进一步坚定各地、各部门及广大干部群众加快河北发展的信心和决心。

城镇面貌三年大变样是推进思想解放的生动实践，只有着力打开解放思想这个"总阀门"，才能转变观念、突破束缚，适应时代发展要求，增强加快城镇化和城市现代化建设的自觉性和坚定性。城镇面貌三年大变样的推进过程，也是思想不断解放、观念不断更新的过程。面对新旧思想的碰撞、新老观念的冲突，我们坚持毫不动摇、强力推进、开放市场，在实践中提高认识，在建设中统一思想。从部分同志不解观望、被动适应到认同支持、自觉推进，从修修补补、小打小闹到大思路谋划、大手笔建设，从拆拆建建、环境整治到"做产业、做民生、做城乡统筹发展"，无不得益于思想的不断解放。我们坚持以城镇面貌三年大变样为抓手，加快城镇化步伐，全省城镇化率年均提高1.68个百分点，是全国年均增幅的两倍。石家庄市三年共拆迁各类建筑2200万平方米，拆迁改造53个城中村，完成48家重污染企业搬迁，用四个月时间就完成了裕华路迎宾线和槐安路高架两条主干道的改造。唐山市规划了南湖生态城、唐山湾生态城、凤凰新城、空港城"四大功能区"，高标准建成了南湖这一国内最大的城市中央生态公园。

城镇面貌三年大变样是推动科学发展的生动实践，只有牢牢把握科学发展这一主题，才能明确方向、理清思路，抓住难得历史机遇，以推进城镇化促进经济发展方式加快转变。针对经济结构不合理、城乡结构不合理两大制约河北科学发展的主要矛盾，我们注重发挥城镇化对转变发展方式的引导作用，推动经济结构优化和产业结构升级；坚持城乡统筹、以城带乡，在推进生产要素向城市聚集的同时，加快基础设施向农村延伸、公共服务向农村覆盖。城镇面貌三年大变样的深入推进，对于我省有效应对国际金融危机冲击、加快经济发展方式转变、保持经济平稳较快发展，发挥了重要作用。承德市强力推进"中疏"战略，依托避暑山庄和外八庙这一"金字招牌"，投入巨资对景区周边进行搬迁，腾出足够空间用以发展休闲旅游产业，国际旅游城市建设迈出重要一步。张家口市在主城区周围规划建设140平方公里的五大产业聚集区和四大物流园区，已有47家企业签约入驻，同时加快工业企业外迁步伐，已有32家市区企业迁入产业聚集区。

城镇面貌三年大变样是创新体制机制的生动实践，只有切实用好改革创新这把"金钥匙",才能锐意进取、攻坚克难,破解发展瓶颈制约,加速实现新型城镇化的新跨越。城镇面貌三年大变样是我省城市现代化进程中承前启后的工作,我们积极适应新形势、新任务,不断创新思路、创新举措,主动研究城市、谋划城市、经营城市,努力在创新中谋发展、求突破。我们打破传统城市发展模式,把城市建设与壮大县域经济结合起来,积极探索城乡建设用地和投融资新模式,有效破解了城市用地难题和建设资金瓶颈。三年来,全省新增、盘活建设用地100多万亩,相当于前十年总和;各设区市累计收储土地19.2万亩。在城市规划管理、住房保障、城建投融资、城市管理、房地产审批、户籍管理等改革方面,出台了30多部政策性文件,为城镇化加速推进提供了有力保证。秦皇岛市坚持政府主导与市场运作相结合,整合组建了城市发展投资控股集团,与国内外多家知名企业签订战略合作协议,实施城镇建设项目669个,完成投资370亿元。衡水市搭建城建、交通、水务、教育、地产五大投融资平台,吸引外埠银行资金支持,积极引进战略投资者,累计签约城建项目280个,收储市区土地7780亩。

城镇面貌三年大变样是提高人民幸福指数的生动实践,只有始终围绕以人为本这个核心,才能改善民生、造福百姓,顺应人民群众新期待,让广大群众共享改革发展的新成果。保障和改善民生是城镇面貌三年大变样的根本所在,我们把满足人民群众过上更加美好生活的新期待作为工作方向,努力把城市建设成环境优美、生活舒适的居住地。无论环境整治还是设施建设,都努力满足群众需求,切实让群众感到便利、感到舒适。在拆迁改造中,坚持依靠群众、发动群众,和谐拆迁、有情操作,保证了群众利益的最大化。民意调查显示,群众对城镇面貌三年大变样的满意率超过95%。保定市以大投入建设大水系,实现了主城区雨污分流全覆盖,为百万市民营造了亲水宜居的生态环境,还集中连片推进府河、西大园和清真寺三大片区150万平方米危陋住宅的拆迁改造,使1.2万户群众直接受益。沧州市投资7.8亿元对城市进行绿化,新增和改造绿化面积440万平方米,集中建成了体育馆、会展中心、狮城公园等一批公共设施,改写了市区没有大型群众活动场所的历史。邢台市对生态环境极其恶化的七里河进行综合治理改造,市区人均新增水面9.5平方米、绿地面积14.4平方米,形成18公里滨河观光绿化长廊，昔日的"龙须沟"变成了如今的休闲景观带。

城镇面貌三年大变样是加强干部队伍建设的生动实践，只有紧紧抓住转变干部作风这个重要保证，才能求真务实、真抓实干，提高领导力和执行力，不断开创各项事业的新局面。城镇面貌三年大变样能不能变成现实，关键在于干部队伍素质能不能有一个大的提高，工作作风能不能有一个大的转变。我们深入开展"干部作风建设年"活动，从房地产项目开刀大幅削减审批项目、着力提高工作效能，形成了转作风、促工作的强大声势，为城镇面貌三年大变样营造了浓厚氛围。各级干部把思路变为举措、把行动变为成果的自觉性越来越强，主动作为、勇于担当的责任感越来越强，化解矛盾问题、做好群众工作的能力越来越强，创先争优、竞相发展的干劲越来越足。廊坊市用110天时间完成金光道景观环境综合整治，用76天时间建成光明西道精品迎宾线，用60天时间完成953户居民、39栋楼的拆迁任务。邯郸市实施项目过堂会审等超常规工作法，自加压力、集中攻坚，将10大主要景观、10大重点建筑、10大基础设施分别调增为27项、30项和25项，奠定了高标准完成城镇面貌三年大变样各项目标任务的坚实基础。

实践证明，省委、省政府实施城镇面貌三年大变样的决策，不仅得到了广大干部群众的衷心拥护和积极参与，而且得到了社会各界的普遍认同和大力支持；不仅创造了许多有形的物质财富和工作成果，而且创造了许多无形的精神财富和思想成果。

**二、紧紧围绕繁荣和舒适两大目标，坚定不移、坚持不懈地推进城镇建设三年上水平**

经过全省上下的共同努力，城镇面貌三年大变样为我们再接再厉、又好又快地推进城镇化和城市现代化奠定了良好基础。同时，也必须清醒地认识到，城镇面貌三年大变样只是一个阶段性任务，所做的工作是整治性甚至是"补课"性的，与全国先进城市相比还有很大差距。推进全省城镇化和城市现代化，是一项长期的战略任务，我们必须坚定不移、坚持不懈地抓下去。为此，省委七届六次全会通过的"十二五"规划《建议》，明确提出要"加快城市化进程，促进城市发展上水平、出品位"。我们要在城镇面貌三年大变样的基础上，按照城镇建设三年上水平、城镇发展三年出品位的思路，进一步统一思想、提高认识，不断把工作推向深入。

城镇建设三年上水平是顺应经济社会发展规律的内在要求。当今世界，城市在经济社会发展中扮演着决定性角色，具有全局性、持久性的拉动作用。国家或地区之间的竞争，很大程度上是城市之间的竞争。只有进一步加快城市改造建设，推进城镇建设上水平，才能把我省城镇化的巨大潜能充分释放出来，更好地促进全省经济社会发展。

城镇建设三年上水平是顺应河北推进科学发展、加速转型升级的内在要求。城市改造建设的过程，本身就是完善城市功能、增强承载能力、提升产业层次、调整经济结构的过程。目前，我省城市的繁华度还不够，其主要症结在于产业优势和核心竞争力不明显，尤其是包括现代服务业在内的优质产业不强、区域内有影响力的市场主体创新能力及活力不足。只有进一步加快城市改造建设，推进城镇建设上水平，才能更好地优化城市空间布局和生产力布局，提高城市品位，聚集优势产业，吸引高端人才，使城镇化真正成为实现经济转型的持久动力。

城镇建设三年上水平是顺应全省人民过上更加美好生活新期待的内在要求。"十二五"是全面建设小康社会的关键时期，人民群众对经济繁荣、生活富裕、环境良好有更高的期待。目前，我们的城市建设还有许多需要进一步改进和加强的地方。只有进一步加快城市改造建设，推进城镇建设上水平，才能使人民群众的生活环境、生活质量、生活水平实现大的改善，真正共享城市发展的文明成果。

基于以上分析判断，城镇建设三年上水平，必须把"繁荣"和"舒适"作为主要目标。所谓"繁荣"，就是具有优势突出的现代产业支撑、完备高效的要素集散功能、实力雄厚的自主创新能力；所谓"舒适"，就是具有魅力彰显的城市规划建设、适宜人居的良好生态环境、底蕴深厚的独特文化气质。总的要求是，坚持以科学发展观为指导，以加快转变经济发展方式为主线，以改革创新为动力，紧紧围绕繁荣和舒适两大目标，全面推动城市环境质量、聚集能力、承载功能、居住条件、风貌特色、管理服务上水平，着力做大做强优势产业，着力保障和改善民生，着力推进城乡统筹发展，真正把城市打造成为区域经济发展高地、生态宜居幸福家园，确保城镇化和城市现代化建设迈出坚实步伐，为实现科学发展、富民强省提供有力支撑。

根据上述目标要求，推进城镇建设三年上水平应着重把握好"五个体现"：

要体现在增强综合承载能力上。我省已经进入城市人口迅速增加、城市规模快速扩张的时期，对城市综合承载能力提出了新的更高的要求。到2015年，全省城市人口将新增800多万，石家庄、唐山两个省域中心城市将超过300万，其他市人口都将大幅增长，县城也在加速扩容升级。适应这一发展趋势，我们必须着眼长远，按照现代化城市标准，高起点规划、高水平建设城市基础设施，不断增强城市的综合承载能力。要把城市交通建设作为重中之重，努力打造畅通城市。加快构筑以快速、大运量公交为主体的城市公共交通体系，抓好综合交通枢纽建设，提高交通运行效率。继续加大城市道路建设的投入力度，优化调整路网结构。进一步建设和完善城市智能交通管理系统。石家庄、唐山要抓紧推进轨道交通建设。要加快城市防灾减灾生命线系统建设，提高城市有效应对水灾、火灾、震灾、雪灾、疫情等灾害的能力和水平。

要体现在聚集先进生产要素上。现代化城市建设，不仅是财富的象征，也是生财富的手段。实现城市的繁荣，要聚集的不是一般的传统产业，而是要聚集优质产业、先进生产要素、优秀人才。要按照既定部署，切实加快工业聚集区建设，完善城市功能分区，突出现代产业支撑，大力培育优势产业，形成独具优势的核心竞争力。各设区市主城区内污染企业要尽快搬出。要加快形成以现代服务业为主的产业结构，主城区特别是黄金地段、金边银角，要重点发展文化产业、金融保险、节庆会展、服务外包等高附加值的现代服务业。要加快现代商贸流通设施建设，高标准规划城市商业网点，重点打造一批城市商业中心区、特色商业街、商业示范社区和商贸综合体，积极发展假日经济和夜经济，形成设施完备、业态丰富、方式先进、充满活力的现代商贸流通体系，大大提高城市的繁华度。要着力打造宜居宜业城市，增强对优秀人才的吸引力。

要围绕战略新兴产业和重点支撑产业发展，培育和引进创新创业人才。

要体现在保障和改善民生上。城市改造建设的根本目的就是不断提高人民群众生活质量和生活水平，增强人民的舒适感、幸福感、安全感。要把改善城市环境质量放在重要位置，居首位的还是大气和水质的改善，紧紧抓住影响大气质量的关键因素，有针对性地采取有效措施，加大防治力度，确保全年空气质量稳定达到国家二级标准。要不断提升饮用水水质，确保供水水质合格率达到百分之百。进一步加强对城市河湖水系的综合整治，加大园林绿化力度，全面推进污水和垃圾处理设施达标运行，努力打造绿色生态城市。要大幅度改善城市居住条件，加大保障性住房建设力度，进一步健全以公共租赁住房和廉租住房为主的住房保障体系。城市低收入住房困难家庭必须做到应保尽保，住房困难群体的住房条件要有明显改善。要持续推进各类棚户区、城中村和旧小区改造。要完善教育、文化、体育、医疗、养老、保健等基本公共服务设施，强化社区服务中心及配套公共社会管理设施建设。要重视便民服务设施建设，与城市改造和容貌整治相结合，规划建设好小游园、小停车场、小超市、小市场、小餐馆等，最大程度地方便群众生活。

要体现在统筹城乡协调发展上。推进城乡良性互动、协调发展，是城镇建设三年上水平的应有之义。要把城镇化与社会主义新农村建设更加紧密地结合起来，实现城镇化与新农村建设的良性互动、统筹发展。要切实抓好县城和重点镇扩容升级，统筹城乡水电路讯等基础设施建设，推进城市公共服务向周边村镇覆盖，推动工业向园区集中、园区向城镇集中。要积极推进农村新民居建设，一手抓引导推进，一手抓规范运作，充分尊重群众意愿，加快改善农民生活环境和居住条件。在城镇建设三年上水平的同时，农村面貌也要有一个大的变化，努力走出一条符合河北实际的新农村建设路子。

要体现在提升城市品质上。要提升城市规划品质，融入现代理念，突出地方特色，尊重科学规律，强化刚性约束，邀请一流专家、一流团队，真正让大师级人物直接参与到我们的规划设计中来，全面提升规划设计水平。要提升城市建设品质，在重点区域、重点地段和重要节点，着力打造一批精品工程、标志性建筑和特色街区。要提升城市管理品质，坚持建管并重、综合治理，以精细化、标准化为核心，以信息化为载体，充分利用现代科技手段，建立科学高效的城市管理体制和运行模式，为市场主体和广大市民提供优质便捷服务。要提升城市文化品质，深入挖掘城市的内涵，重视自然和文化遗产保护，传承历史文脉，突出文化特色，铸造城市文化品牌，培育城市人文精神，努力提高市民素质和城市文明程度。

### 三、继续保持工作力度和强度，为加快城镇化和城市现代化进程提供坚强有力的保障

推进城镇建设三年上水平，事关全省发展大局，是当前和今后一个时期必须常抓不懈的重要工作，要坚持尽力而为、量力而行。这项工作涉及面广、政策性强，任务艰巨、责任重大，要求我们重视程度只能强化不能削弱，工作标准只能提高不能降低，推进力度只能加大不能减小，必须以更高的水平、更实的举措，努力把各项工作落到实处。

要加强组织领导，凝聚强大合力。城镇建设能不能再上台阶，关键在领导。各级领导要把这项工作真正放在心上、抓在手上，在统筹兼顾的基础上，每年集中精力办成几件大事、实事。要进一步强化责任制，形成"党委领导、政府主导、住建部门牵头负责、各有关部门协调联动、社会各界大力支持"的工作格局。要通过形式多样的培训和日常的勤学善思，不断提高各级干部指导城镇化建设的能力和水平。要加大宣传力度和正面引导，充分发挥典型示范带动作用，营造良好的社会环境，调动方方面面的积极性，激励和引导广大干部群众投身到城镇建设中来。

要注重分类指导，科学有序推进。从城镇面貌三年大变样实际情况看，全省的工作进展还不平衡，一些地方差距还比较明显。城镇面貌三年大变样工作做得好的地方，更要在城镇建设上水平中争上游、做表率。其他地方要跟上全省城镇建设上水平的节奏和步伐。新城新区建设，更要高起点规划、高标准实施，努力建成全省城镇建设上水平的标志性区域。要大力推行科学民主决策，对事关城乡长远发展的重大规划和关乎群众切身利益的重大项目，加强科学论证。要积极适应新形势下做好群众工作的新要求，大力改进工作方式方法，坚

决克服工作简单化，切实做到依法推进、有情操作，防止因工作不当影响社会和谐稳定。

要创新体制机制，破解发展难题。要抓住城镇建设中的突出问题和关键环节，既贯彻落实好上级政策，又结合实际创造性开展工作。从城建投融资方面来讲，要建立市场化、多元化投融资机制，更多地吸引社会资金投入城市建设。在城市土地使用方面，处理好严格执行国家土地政策与满足用地需求之间的关系。就城市管理来说，要进一步加强城市综合整治，构建起统一、协调、高效、合理的城市管理机制，注重科学引导城市功能疏解和产业结构优化，增强城市发展的科学性。

要切实转变作风，狠抓工作落实。推进城镇建设三年上水平任务艰巨，要进一步发扬城镇面貌三年大变样形成的良好作风，紧密结合创先争优活动，进一步提高执行力。各职能部门要进一步强化大局意识、责任意识和服务意识，全力支持城镇建设三年上水平的各项工作。要把优化发展环境摆上突出位置，在改善城市"硬环境"的同时，进一步营造开放、和谐、公平、公正的"软环境"，吸引更多的投资者参与河北的现代化建设。要通过干部作风的不断转变和发展环境的不断优化，把各种积极因素进一步调动起来，把各方面智慧和力量进一步凝聚起来，不断推动各项事业向前发展。

城镇面貌三年大变样成效明显、令人鼓舞，城镇建设三年上水平任务繁重、催人奋进。让我们以科学发展观为指导，抓住机遇、乘势而上，求真务实、开拓创新，努力把我省城镇化和城市现代化推向一个新的水平，为"十二五"开好局、起好步，为建设富饶、秀美、幸福的河北做出新的更大的贡献！

（本文为中共河北省委书记张云川2010年12月29日在全省城镇面貌三年大变样工作总结表彰暨城镇建设三年上水平工作动员部署大会上的讲话）

© 唐山南湖

# 做大做强中心城市　加快推进城镇化进程

胡春华

## 一、城镇面貌三年大变样活动开局良好

今年是开展城镇面貌三年大变样活动的第一年，是实现省委提出"每年一大步、三年大变样"要求十分关键的一步。一项活动的开展，起步非常重要。现在时间已经过去半年，从各地反映的情况来看，这项活动开局良好，形成了较好的态势，取得了初步成效。

一是形成了领导重视、各方支持的局面。目前，11个设区市全部成立了"三年大变样"活动领导机构，由书记、市长亲自挂帅，相关部门参加，有的市四大班子的负责人都进入到领导机构中。各市大多设立了专门的办公室，抽调有关人员、落实相应资金、明确具体职责，对活动进行协调、指导。在推动活动中，各地创造了很多行之有效的工作机制，有的采取周例会、现场办公的方式，有的建立起相应的奖惩机制，完不成任务就亮红牌、黄牌。主要领导负责，推进措施有力，使"三年大变样"活动迅速形成了广泛开展的局面。这项活动的开展也得到了各方的支持，逐步成为全社会的共识。

二是拉开了以大干促大变的阵势。各地制定的活动实施方案，反映出各地尽快改变城镇面貌的决心。石家庄市三年投资1400亿元，全力推进"主城改造、新区建设、道路畅通、品位提升、精细管理、素质提高"六大工程，确定

了600个工程项目。廊坊市谋划实施发展城市经济、提升城市承载力、民生保障、生态环保四个方面十项重点工程、136个子项目，估算总投资1000亿元。唐山市今年全面实施"14421"工程，把曹妃甸工程、主城区建设、城区企业搬迁、城中村改造、民用机场通航以及城市绿化、亮化、美化、净化工作全部囊括其中。其他各市的方案气魄都比较大。初步估算，全省11个设区市市区改造三年投资将近8000亿元。许多市还以"三年大变样"活动为契机，加强与国内著名科研院所和专家的合作，引进国际顶尖规划设计单位，开展规划设计方案国际竞赛，努力提高城市规划设计水平。

三是城市拆迁工作进展很快。各市把拆迁作为实现城镇面貌三年大变样的第一步，形成了一个拆违、拆迁的热潮。今年，全省各设区市计划拆除1500万平方米，截至5月31日，已经拆除990万平方米。其中，石家庄市已拆522万平方米，邯郸已拆121万平方米，张家口已拆87万平方米，邢台已拆80万平方米，唐山已拆61万平方米，衡水已拆41万平方米，秦皇岛已拆30万平方米，廊坊已拆17万平方米，保定已拆12万平方米，承德已拆10万平方米，沧州已拆8.8万平方米。在拆违、拆迁工作形成氛围、打开局面的形势下，有的市乘势而上，调高了年初的拆违、拆迁计划。如石家庄市今年将完成935万平方米的拆迁总任务量。

四是一批重点项目陆续启动。石家庄市的42项大型工程正在建设当中，西部新区基础设施建设已现雏形，十大路网畅通工程已经完工或接近尾声。特别是城中村改造力度大、进展快，目前二环路内45个城中村8个已完成改造、10个已完成拆迁，其余27个村的改造正在积极推进。张家口正在实施工业外迁战略，计划用三年时间，将污染严重、高耗能企业都迁出主城区。唐山北新道综合改造工程即将竣工，南湖生态城扩湖工程已开工建设。保定开展"蓝天行动"，全部拆除废弃的烟气排放设施，取缔环保手续不全的燃煤锅炉。邢台七里河综合整治工程扎实推进，正在大规模进行河道治理和景观建设。邯郸生态绿化、西部环境整治等工程已初见成效。衡水滏阳河市区段改造工程即将全面开工建设。各设区市污水处理厂建设加快进度，目前正式投入运营的污水处理厂25座，18座污水处理厂正在建设，建成和在建污水厂的县市比例达到80.9%。

　　五是活动得到了人民群众的认同和支持。在开展"三年大变样"活动中，一方面，各地注意广泛发动群众，充分利用新闻媒体，加大对活动的宣传力度；另一方面，各地十分重视维护人民群众的具体利益，在拆违、拆迁的过程中开展了深入细致的工作，制定了相应的配套政策和措施。从目前的情况来看，活动实施中社会情绪总体上是平稳的，人民群众对这项活动是认同和欢迎的。一些地方反映，这项活动是给老百姓带来实惠、得到人民群众支持的民心工程。人民群众的支持是这项活动深入开展的坚实基础，是活动的真正生命力所在。

　　半年来的实践，让我们初步看到了这项活动在提高我省城镇化水平、改变我省城镇落后面貌中发挥的重要作用，也进一步坚定了我们把这项活动深入开展下去的信心。

　　在看到成绩的同时，我们也要清醒地看到存在的差距。当前活动实施过程中反映出来的问题，比较突出的有三个：一是进展不平衡。有的市开展活动、推进工作的进度快、力度大、成效明显，有的市就差一些，个别市还停留在方案论证的阶段，县级城市和小城镇目前活动开展得情况不太好，有的基本没动。二是规划不到位。一些设区市对规划设计重视不够，有的有规划，但规划设计的水平不高；有的满足于完成拆迁任务，对于建设缺少整体规划；有的规划做了，随意更改，规划设计发挥不了应有的作用。三是相关的工作没跟上。主要表现在有的城市重拆轻建，有的在解决资金问题、进行市场运作上办法不多、人才准备也不够，有的工作不到位、工作机制还不健全。这些问题的存在，影响了活动的开展，务必引起各地的高度重视。只有采取切实措施，推动这些问题的解决，才能使城镇面貌三年大变样活动全面深入地开展。

　　"三年大变样"活动起步阶段出现的这些问题，与对这项活动的思想认识有关。在看待这项活动上，有两种思想认识要引起注意。一种是担心抓活动会影响抓项目、抓产业，影响地方的经济发展；一种是认为城镇面貌就是突击抓三年，一切工作以三年为标准。这两种思想的核心是对改变城镇面貌的重要性、长期性认识不足。城镇的发展就是经济的发展，城镇的面貌代表着经济发展的水平。"三年大变样"活动和提升我省城镇的整体竞争力联系在一起，和我省的经济发展联系在一起。城镇建设也是一项长期的任务，是百年大计，如果不着眼长远，也不可能搞好。最近，云川书记就石家庄市的"三年大变样"工作作出批示："务必下决心，狠抓三年，使之有变化；嗣后又抓三年上水平，再抓三年出品位，基本打造一个人民满意的现代化城市。"这既是对石家庄市的要求，也是对全省开展好活动的要求。我们要充分认识开展"三年大变样"活动的重要意义，进一步在狠抓城镇面貌改善上统一思想，采取有力措施，加大工作力度，着眼"一年一大步、三年大变样"，立足长远，切实把"三年大变样"活动抓紧抓好，务必使这项活动取得切实的成效。

### 二、从建设沿海强省的战略出发加快推进我省的城镇化

城镇面貌三年大变样的实质，是要尽快提高我省的城镇化水平。我省的城镇化水平不高，不仅落后于发达地区，和全国平均水平相比也有较大差距。这些年来，我省把城镇化确定为经济社会发展的主体战略之一，采取了一系列措施，推动城镇化水平的提高。尽管我们的努力取得了很大的成绩，但从总体上看，我省城镇化水平依然偏低，尽快改变我省城镇化落后的局面仍然是我们面临的一项重要而艰巨的任务。

《关于加快推进城镇化进程的若干意见》明确了今后一个时期我省城镇化战略的基本要求和主要目标。《意见》提出，要紧紧围绕建设沿海经济社会发展强省的奋斗目标，以加快产业集聚为基础，以增强城市综合承载能力为重点，以开展城镇面貌三年大变样活动为抓手，按照统筹城乡、布局合理、节约土地、功能完善、以大带小的原则，做大做强两大省域中心城市，加快发展壮大其他中心城市，积极发展中小城市和中心镇，形成辐射作用强的城市群，培育新的增长极，促进大中小城市和小城镇协调发展，走具有河北特色的城镇化道路。下一阶段，我们就是要按照这个要求，认真贯彻落实好这个文件，完成文件提出的目标任务，在加快推进城镇化的道路上迈出更大的步伐。

当前是我省推进城镇化十分重要的时机。环渤海经济正在加速崛起，京津冀都市圈的协调发展越来越引起各个方面的重视，我省工业化正处在加速发展的阶段，这些都为加快我省城镇化进程提供了条件。我们一定要把握难得的机

遇，以城镇面貌三年大变样活动为抓手，努力提高我省的城镇化水平。从建设沿海强省的战略出发推进我省的城镇化，我想着重强调三个问题。

第一，要做大做强区域中心城市。在前不久召开的全省领导干部会议上，云川书记强调，要以沿海经济隆起带建设和中心城市的现代化建设为重点，带动城乡和区域的竞相发展。落实云川书记的指示，我们要努力做大做强我省的区域中心城市，要以增强综合承载能力为重点，以特大城市为依托，形成辐射作用大的城市群，培育新的经济增长极。

中心城市在区域经济发展中有着十分重要的作用，本身就是区域经济水平的重要标志。长江三角洲、珠江三角洲地区经济的快速发展，离开上海、南京、苏州、杭州、宁波、广州、深圳、佛山、东莞等一批大城市，是不可能实现的。从城市发展的一般规律来看，在一定范围内，城市规模越大，财富的聚集、生产能力和对周边地区的辐射带动作用就越强。我国人口众多，资源相对薄弱，在实现现代化的进程中，将有大量人口转化为城市人口，如果没有一批特大的中心城市，这些城市人口的转化实现起来将很困难，城市化的道路将非常艰难，对我省也是如此。

中心城市不大不强，是制约我省经济社会进一步发展的重要因素。我省地处京、津周围，参与京津冀都市圈的竞争本身就对我省中心城市的规模和竞争力提出了很高的要求。我省的城市与京、津不在一个层面上，即使与京津周边地区相比，我省中心城市无论是规模还是经济实力也存在较大差距。从城市建成区面积看，2006年，沈阳是325平方公里，大连是258平方公里，济南是305平方公里，青岛是227平方公里，郑州是282平方公里。我省最大的唐山市209平方公里，其次是石家庄市175平方公里。从城区人口看，沈阳有443万人，大连有277万人，济南有277万人，青岛有271万人，郑州有261万人，太原有271万人。而我省的石家庄和唐山的城区人口分别为195万人和187万人，差距非常明显。中心城市不大，毫无疑问经济实力也不会强。这些因素使我省的城市不能很好地发挥对区域经济的带动作用，在环渤海地区经济竞争中处于劣势。

做大做强区域中心城市对我省经济社会今后发展的意义是至关重要的，必须把做大做强区域中心城市作为我省推进城镇化的一项重要战略任务来实施。

全省都要深刻认识这一任务对提升我省经济整体竞争力的重要作用，为此作出共同努力。从现有条件来看，石家庄、唐山作为我省的两个大城市，最有可能发展成区域中心城市，要不断壮大规模，增强实力，率先发展，发挥在京津冀地区乃至整个环渤海地区应有的作用。我省是一个有18万平方公里、近7000万人口的大省，无论从省域规模，还是从参与环渤海地区经济竞争的角度，只有两个大的中心城市是不够的，还应该有更多的城市成为特大型的中心城市。未来十年中，从其他城市中成长出两到三个像石家庄、唐山一样的城市，是完全可能也是十分必要的。我们要在发展区域中心城市上更加自觉、主动和积极，通过中心城市的发展，形成强大的增长极，带动我省经济社会又好又快发展。

第二，要大力发展主城区。主城区不强是我省城市发展的普遍情况。建成区面积石家庄、唐山在200平方公里左右，邯郸、保定刚过100平方公里，秦皇岛、承德、张家口在80平方公里左右，邢台、沧州、廊坊、衡水在四五十平方公里左右。城区人口只有石家庄、唐山、邯郸、保定过百万，张家口、秦皇岛80万人左右，其他市则只有四五十万人。市区GDP有5个市不到200亿元，最小的市区刚过100亿元。这种情况使得我省城市对所在地区经济的辐射带动作用普遍不强。

大力发展主城区，是从我省的实际情况出发一条比较可行的城市化道路。一方面，主城区已经具备了较好的城市发展基础，发展主城区无疑比新建城市更为经济，也更加快捷。另一方面，通过把主城区做大，我们才能更好地发挥城市对周边地区的辐射带动作用，发挥城市作为地区经济增长极的作用。国内外城市发展的经验表明，把主城区做大做强，城市作为区域的中心地位才能确立，也只有主城区发展到一定规模之后，才能由要素集聚转向能量辐射。我省的廊坊、涿州在90年代中后期迅速发展，在很大程度上就是北京辐射带动的结果。现在，全国许多已经很发达的大城市，仍然十分注重发展主城区。我们城市才发展到现在的规模，无疑要更加注重发展主城区。

从完成2020年我省城镇化目标来看现在的城市发展，我们对发展主城区、提高中心城市的承载能力的认识会更加清楚。按照规划，到2020年我省的城镇化水平要达到58%，城镇人口达到4235万，将有1000多万农村人口向城镇转移。如果我们城镇化的速度更快一点，达到全国的平均水平，需要转移的农村人口数量将更多。这么多的农村人口向城市转移，如果我们的中心城市和主城区没有足够的规模，是不可想象的。

今后一个时期，我们要把发展主城区放在更加突出的位置，切实加大发展主城区的力度，使我们每个地区的主要城市真正强大起来。各设区市要创造条件，进一步拉大主城区框架，拓展城市发展空间，完善城区功能，提高主城区的综合承载能力和生产要素聚集能力。正在进行的新一轮城市总体规划修编，要向各地城市的主城区倾斜，合理确定主城区发展规模。同时，要加快规划修编和审批进度，需报国务院审批的石家庄、唐山、邯郸、保定、张家口5个市年内要全部上报，由省政府审批的其他6个设区市总体规划今年要完成报批。主城区的发展，当然也要结合实际。比如承德和秦皇岛是旅游城市，城区的发展受地形的影响也比较大，应该完善功能分区，把工业发展和主城区建设适当分开，注意保持主城区的优美环境。各地要牢牢把握城市发展的方向，切实抓住当前主城区发展的机遇。

第三，要加快培育发展沿海城市。建设沿海强省，就必须有沿海强市，这是十分明显的道理。在沿海强省的发展战略中，我们提出要建设沿海经济隆起带，但是如果没有沿海强市，沿海经济隆起带也就无从谈起。

我省沿海城市建设的差距是很大的。目前我省只有秦皇岛是真正的沿海城市，唐山、沧州两个城市离港口距离近百公里，还不能说是严格意义上的沿海城市。从与周边省的比较来看，差距更加明显。辽宁有大连、营口、丹东、锦州、盘锦、葫芦岛6个沿海城市，2006年合计建成区面积590平方公里，城区人口614万人。山东有青岛、烟台、潍坊、威海、东营、滨州、日照7个沿海城市，2006年合计建成区面积839平方公里，城区人口697万人。与这些沿海省份相比，我省沿海城市不是强和弱、多和少的问题，甚至可以说是有和无的问题。这种状况与我省建设沿海强省的目标极不相称，和我省现在的经济总量水平也不相符，必须尽快改变。

我省地处环渤海的中心地带，有487公里的海岸线，拥有唐山港、秦皇岛港、黄骅港三大港口，我们完全有条件建设发达的沿海城市。2007年底，我省港口共有生产性泊位92个，吞吐能力4.1亿吨。预计到2010年，我省沿海港口生产性泊位将达到119个，吞吐能力达到6亿吨。正在建设中的曹妃甸工业区，是国务院批准的循环经济示范区，黄骅港则拥有广阔的腹地，渤海新区发展的潜力很大。依托港口和区位优势，我们完全有可能打造几个规模大、实力强、产业聚集程度高的沿海城市。

我们要切实加快培育发展我省沿海城市的步伐。要充分发挥秦皇岛、京唐、曹妃甸、黄骅四大港区资源优势，统筹规划沿海城市空间布局，重点以曹妃甸港城、黄骅港城、秦皇岛港城等三大港城建设为核心，整合周边县城和工业开发区，积极培育海滨港城，通过"依港兴城，以产兴市"，实现港口、港区、港城的协调推进和一体化发展。未来十到二十年，通过我们的努力，建设三个左右百万人口以上的沿海城市，真正形成我省的沿海经济隆起带，是完全可能的，也应该成为我们的奋斗目标。建设沿海城市，要充分依托现有的城市布局，发挥现有城市的优势，加快沿海城市的建设速度。比如在沧州渤海新区，依托黄骅市发展港城，可能就是一个很好的思路。推进沿海城市的建设，决不仅仅是沿海地区的事情。建设沿海强省，我省的每一个城市都要有沿海城市建设的理念，都要强化建设沿海城市的意识。要主动做好沿海文章，在交通、产业布局、现代物流等各个方面与沿海对接，发挥好作为沿海省份的优势，实现沿海与腹地的互动发展，巩固在所在区域的城市地位，在建设沿海强省中发挥应有的作用。

### 三、在深入推进"三年大变样"活动中不断提升城镇化水平

继续深入开展城镇面貌三年大变样活动，是当前和今后一个时期我省一项十分重要的工作。目前这项活动刚刚起步，完成活动提出的各项任务，实现活动提出的目标，还需要我们付出艰苦的努力。今后的几年，我们不能松懈，要再接再厉，在现在良好开局的基础上，进一步加大工作力度，不断提高工作水平，打赢这场改变我省城镇落后面貌的硬仗，不断提升我省城镇化水平。做到这一点，最根本的是要坚持以科学发展观为统领，进一步统一思想，提高认识，开拓创新，在深入推进这项活动上形成合力，以脚踏实地的精神真抓实

干，把城镇面貌三年大变样的各项要求落到实处。结合大家反映的情况，我就下一阶段深入推进这项活动提几点要求。

1．进一步加强对活动的领导。推进工作，领导是关键。对于一项由党委、政府主导的活动尤其如此。各地在推进"三年大变样"活动中都成立了领导机构，但有领导机构并不等于加强领导，重要的是要对深入推进这项活动切实负起领导责任。加强领导，最重要的是要干起来，在开展这项活动上各地都要进一步加大力度，不要等一切都准备好了才开始干，可以边干边探索，边干边完善。领导班子要进一步统一思想，同时要通过各种宣传手段广泛动员人民群众，形成上下一致、同心协力改变城镇面貌的思想氛围。要切实解决工作中碰到的问题。城市的改造和建设本身是一项艰巨的工作，不能害怕困难，碰到问题就采取措施解决问题，在克服困难中不断开创工作的新局面。"三年大变样"涉及城镇工作的方方面面，涉及社会生活的各个层面，统筹协调的任务很重，各级领导要靠前指挥，整合各方面的力量推进这项工作。要解放思想，更好地运用市场机制，借鉴各地先进经验，解决制约城镇面貌改变中的瓶颈问题，不断提高推进工作的水平。城镇建设关系老百姓的切身利益，在任何时候我们都要把维护人民群众的利益放在首位，切实解决好群众安置、就业等具体问题，绝不允许侵害人民群众利益的行为存在。

2．进一步加大拆迁工作的力度。拆迁是变样的第一步，也是改变城镇面貌的突破口。之所以我们的城镇面貌比较落后，和城镇中存在大量需要拆除的建筑有关。改变城镇面貌，就要进一步加大拆迁工作的力度，用大拆促大建。拆迁工作不是一件容易的事。但一些地方的实践证明，大干不难、小干不易，大干小困难、小干大困难。拆迁工作打疲劳战，长时间地让市民生活在拆迁的噪音和粉尘污染中，肯定不行。同时从城市经济的规律来看，越往后，拆的成本会越高。这一次拆迁工作面临着很好的氛围，并不是总有这样的大规模城市拆迁的机会。我们要抓住当前的机遇，乘势而上加大拆迁的力度，一鼓作气，把这一轮城市改造需要拆迁的全部拆到位、拆彻底，比较彻底地解决好城市建设中的拆迁问题。拆迁工作不能在三年中平均使用力量，在活动的第一年我们要把拆迁作为重点。需要强调的是，在拆迁中一定要做好深入细致的思想工作，充分考虑拆迁户的利益，切实把群众安置好，不能出现影响社会稳定的情况。

3. 进一步提高规划设计水平。"三年大变样"城市建设的任务很重。这一次城市建设的水平，会在一定时间内决定着我省城市的面貌，这一次建了，三五十年内就不能再拆了，必须予以高度重视。要抓住规划设计这个关键，切实提高我省城市建设的水平。要开门搞规划，依靠专家提高规划设计水平。规划要有超前的眼光，要舍得投入，引进国内外一流的规划设计专家，开展深入的调查、研究、论证工作，坚持高标准、高起点，提高规划决策的科学性。要做好整体规划。一个社区、一座建筑要规划，整个城市更要规划，不能各个社区有规划，整个城市没规划，一个局部看起来不错，整个城市建设很乱。要加强城市的整体规划，突出城市的品位和特色，特别是城市的路网、水网、绿网、公共设施和功能分区，一定要精心设计好，"三年大变样"中，我们每一座城市都要变得有文化、有品位、有特色、有魅力。要搞好标志性地段建筑设计，体现匠心，提高质量，力争出精品，要有建设不朽建筑的追求，使之成为整个城市的亮点。如果没有好的方案，宁愿"留白"，等条件成熟的时候再建。要维护规划的权威，严格按规划办事。规划即法，制定了规划就要严格遵守，不能随意更改。要加强对规划实施的管理，对规划的实施进行监督检查，对随意更改规划的行为追究行政责任。

4. 进一步加强城市管理。管理是城市的软件。城市建设得再好，如果管理跟不上，同样不行。"三年大变样"如果变的仅仅是城市的外表，我们也不能说真正改变了城镇落后面貌。在"三年大变样"的活动中，我们要十分重视加强城市的管理，提高管理的水平，使我们的城市不仅有好的外表，而且有好的内在机制，高效、有序、协调地运转。要加强城市环境的治理和管理，使城市的环境干净、整洁，城市的景观美丽、漂亮，城市的居住舒适、宜人，城市的出行方便、畅通，城市的生态环保、健康。要健全城市管理的运行机制，加强以社区为基础的城市管理，明确市、区、街道和社区的权责利，建立规范有效协调的城市管理机制。特别是在城中村改造中，要建立健全居委会的管理体制，使城中村真正融入城市的管理体系。要把以人为本的理念真正贯彻到城市的管理中，推行精细化管理，使城市宜业、宜居。"三年大变样"也为我们更好地运作城市提供了机会，要在城市的改造和建设中充分运用市场机制，运作好城市的资源，力争在资金等方面多一些积累，为城市今后的长远发展创造条件。

5．进一步推动城市经济的发展。城市的建设管理和经济发展，是有机联系、相辅相成的。城市本来就是一个巨大经济体，没有城市经济的发展也不会有城市的发展。反过来，城市的建设和管理提高了城市的竞争力，也会对城市经济形成极大的推动。在深入推进城镇面貌三年大变样活动中，我们要坚持两手抓，一手抓城市的建设和管理，一手抓城市的经济发展，形成两者相互促进的局面。要坚持以工业化带动城市化，抓好城市的产业建设，形成城市的产业优势和产业支撑。要按照布局集中、产业集聚、用地集约的要求，完善城市功能分区，合理配置工业用地，规划建设好各类开发区和产业园区，引导产业向园区集中，园区向城镇集中，带动人口向城镇转移。要大力发展服务业，特别是要发展生产服务业和公共服务业，为提高城市就业水平服务，为丰富城市生活服务，为发展城市经济服务，为现代化的城市建设服务。在推动城市经济发展中，还要特别注意做好节能减排和防治污染的工作，加快"退二进三"调整的步伐，尽快将污染企业从城市的主城区搬迁出去，尽可能治理好城市的各种污染。

（本文为河北省人民政府省长胡春华2008年6月12日在全省城镇化工作会议上的讲话）

63

◎ 秦皇岛汤河沿岸

# 以"三年大变样"为抓手　加快城市改造建设步伐

陈全国

**一、统一思想，深化认识，坚定推进城镇面貌三年大变样工作的信心和决心**

城镇面貌三年大变样，是省委、省政府从河北实际出发作出的一项重大战略部署。两年多来，各地各部门高度重视，精心组织，周密部署，扎实推进，取得了良好成效，受到了广大干部群众的拥护和称赞。实践证明，城镇面貌三年大变样是科学发展的好思路，是富民强省的好思路，有力地推动了思想解放、改变了城镇面貌、拉动了经济增长、促进了民生改善，在实现经济社会又好又快发展中发挥了重要作用。

在看到成绩的同时，我们也要清醒地认识到，今年是城镇面貌三年大变样工作的攻坚之年、决战之年，时间紧、任务重、要求高。各地各部门要进一步增强紧迫感和责任感，站在深入贯彻落实科学发展观、推进富民强省的高度，站在扩大内需、保持经济平稳较快增长的高度，站在优化经济结构、转变发展方式的高度，站在加快城镇化、带动工业化、现代化的高度，站在统筹城乡发展、区域协调发展的高度，站在保障改善民生、促进社会和谐的高度，充分认识城镇面貌三年大变样工作的重大意义，进一步提高认识、坚定信心，把思想和行动统一到省委、省政府的决策部署上来，统一到城镇面貌三年大变样的各项要求上来，以更大的魄力、更高的标准、更强的力度，攻坚克难，扎实工作，圆满完成"三年大变样"的目标任务。

### 二、抓住关键，突出重点，打好城镇面貌三年大变样工作的攻坚战

今年城镇面貌三年大变样工作的总体要求是，以科学发展观为统领，以实现五项基本目标为重点，以改革创新为动力，以转变建设方式为导向，坚持拆建结合、以建为主，吸引资金、聚集产业，建管结合、综合治理，不断提高城市规划、建设和管理的整体水平，推动城镇面貌三年大变样不断向纵深发展。按照这一要求，要着重抓好以下五个方面的工作：

第一，着力提升规划水平。规划是城市发展的龙头和先导，必须用超前的思维、世界的眼光、开放的视野，准确把握城市发展的潮流和趋势，牢固树立以人为本、集约增长、复合城市、协同发展的理念，切实做到规划先行、立足当前、着眼长远，高起点、高标准、大手笔，充分发挥规划的引领作用、指导作用、规范作用、调控作用。省级层面，要重点完善区域规划，进一步研究制定环京津城市带发展规划、沿海城镇空间布局规划、城市集群发展规划，推动环京津城镇与京津全面对接，构筑沿海都市连绵区，整合区域资源，优化城镇布局。设区市层面，要重点推进城市设计和景观整治规划，对街道、建筑、广场、绿地等环境艺术设施分别提出具体建设标准和要求，打造一批城市名片和城市精品。石家庄、唐山、秦皇岛、沧州要抓紧研究制定滨河新区、曹妃甸新城、北戴河新区、黄骅港新区生态城规划和相关技术标准，加快生态示范城市建设步伐。县（市）层面，要重点搞好专项规划，使景观风貌、绿地系统、历史文化名城保护、综合防灾以及市政工程等专项规划有机衔接，年内实现控详规全部覆盖、专项规划全部完成。镇乡村层面，要重点编制总体规划，年底前镇乡规划和村庄布局规划要全部完成，村庄规划要基本完成，形成方向明确、布局合理、规模适度、设施配套的村镇体系。各类规划都要做到科学合理、因地制宜、长效管用，彰显地域特色、产业特色、文化特色。

第二，全力加快建设步伐。城市有大有小、有老有新，有没有吸引力、有没有活力，关键是看有没有特色、有没有品位。要按照城市的自然环境、资源

条件、人文历史、经济基础的不同，瞄准世界一流，借鉴先进经验，精心设计、科学施工，不求最大、但求最佳，加快进度、确保质量，真正使城市的特色展示出来，城市的品位表现出来，城市的魅力体现出来，城市的活力迸发出来。城镇面貌三年大变样的三年约需建设2亿平方米，现已建成1.1亿平方米，今年至少要再建9000万平方米，必须切实加大建设力度。一要推进重点项目建设。要高度重视、集中力量，着力抓好涉及11个设区市，涵盖街道景观环境整治、大型公共建筑、重大基础设施、重点园林绿化和滨水环境建设、重要功能片区等5大类，总投资1441亿元的100项重点城建项目，分解目标，落实责任，加快建设，发挥好重点项目的带动作用。二要推进环境整治建设。以开展专项治理为抓手，大力实施治理城市污染、整治市容卫生、改善城市交通、治理城区水系、提升绿化水平等"十大"整治工程，切实抓好建筑景观、街道景观、绿地景观、水体景观、夜景照明等几大要素的整治建设，加快建立以绿化、污水处理、垃圾处理、空气净化为主题的城镇生态环境体系。三要推进交通体系建设。环京津、环渤海城市要打通高速公路、铁路、民航等通道，尽早消灭断头路、打破瓶颈，形成联系京津、通达渤海的快速安全的交通网络，为承接京津产业、信息、技术、人才转移奠定基础，为北京、天津居民旅游、度假、购物、居住等创造良好条件。各市要加快完善城市路网结构和交通组织方式，优先发展公共交通、节能交通，加快建设高架路、立交桥、快速轨道交通，建设大运量公交系统，构筑"便捷、安全、高效、生态、多元"的城市综合交通体系。石家庄市要抓住机遇，积极推进地下交通建设。四要推进公共设施建设。结合旧城改造和新区建设，加快建设一批大型体育馆、博物馆、科技馆、艺术馆等教育、文化、体育设施，加快建设一批舒适便利的宾馆、酒店、商场、会展中心等服务设施，加快建设一批集贸市场、游园广场、餐饮服务等便民设施，加快建设一批集休闲、娱乐、商贸于一体的活动综合体，全面提升城市公共服务能力。石家庄作为省会城市，更要加大公共设施建设力度，尽快建成富有特色、多功能的商贸物流中心、休闲娱乐中心、文化中心、体育中心、会展中心等，增强城市吸引力。五要推进城镇住房建设。贯彻国家和省关于促进房地产市场健康稳定发展的各项政策措施，健全房地产开发监管体系，增加中低价位、中小套型普通商品房有效供给，调动广大居民住房消费的积极性。一方面，要从关注民生的高度解决好中低收入家庭的住房困难，实现全省居民居者有其屋；另一方面，要着眼环京津的优势，围绕吸引京津城市居民来冀购房消费，培育好房地产市场。特别是唐山、秦皇岛、承德、张家口、保定、廊坊等市，更要以战略眼光、超前思维，规划好、实施好，使之成为拉动经济增长的新优势。六要推进精品工程建设。按照彰显历史文化、体现魅力特色的要求，突出抓好城市主干道、中心区、迎宾线、出入口等重点区域、重点部位，集中建设标志性地段、标志性景观、标志性建筑，精心设计，独具匠心，打造靓丽的城市名片，带动城市发展上水平、出品位。每个设区市至少要打造2—3个标志性工程，每个县（市）至少要打造1个标志性工程。石家庄、唐山要走在前面，带好头、作表率。

第三，大力抓好城镇管理。当前，城市发展呈现出进程更快、模式更新、要求更高等阶段性特征，要遵循城市管理的规律，创新城市管理的方法，健全城市管理的长效机制，提升城市管理的质量水平，使城市管理更加科学、高效，更加精细、规范，更加宜居、宜业。一要创新管理理念。一方面，要强化现代城市意识，进一步解放思想、转变观念、更新思维；另一方面，要引导广大干部群众增强城市意识、文明意识、清洁意识、环保意识，形成人人热爱城市、尊重城市、维护城市，为城市建设发展做贡献的共识和行动。二要转变管理模式。充分利用信息网络技术，整合管理资源，加快城市管理数字平台建设，确保今年6月底前全省所有设区市和县级市都建成数字化平台，推行城乡规划、住房保障、市政公用事业统一管理的数字化城市管理模式。三要完善管理体制。要推进城市管理重心下移，实行分级管理、分工负责，将城市管理的大部分权限下移到城区政府和街道办事处，构建以市级为主导、区级为主体、街道为基础的城市管理体制。今年10月底前必须全部完成下移工作，形成完善的"两级政府、三级管理、四级落实、层层负责"的城市管理网络。四要健全管理机制。切实发挥各级人大的作用，加强城市规划管理法规建设，依法管理城市。落实省制定的13项城市管理系列服务标准，建立全覆盖、成系统、易操作的城市管理标准体系，把行之有效的措施固化为制度，把工作中的"软要求"变为标准化的"硬指标"，把严格管理、精细管理贯穿城市管理的全过程，形成高效有序、协调运转的城市长效管理机制。

第四，强力推动产业聚集。做城市就是做产业、就是保民生、就是促发展。要认真贯彻落实胡锦涛总书记等中央领导同志在省部级主要领导干部专题研讨班上的重要讲话精神，按照中央和省委、省政府的部署要求，把加快城镇化进程、推动产业聚集、优化产业布局，作为加快转变发展方式的战略重点和重要抓手，坚持以产兴城、以城带产，推动园区向城镇集中、企业向园区集中，实现产业聚集与城镇建设的良性互动。一要加快产业开发步伐。抓住城镇面貌三年大变样的良好机遇，通过城市拆建尽可能挖掘土地资源潜力，把腾出的土地和土地增值收益用于产业开发，解决制约产业发展的土地、资金瓶颈，推动产业发展，繁荣城市经济，聚集人气、商气、财气。二要加快产业园区建设。着力抓好涉及全省，涵盖钢铁深加工、装备制造、新能源、生物医药、文化旅游、现代物流等各类产业发展的100个重点产业聚集区和48个省级开发区，"退城进郊、退乡进城"企业和其他新建项目都要向产业聚集区集中，优先配置要素资源，优先安排基础设施，优先搭建公共服务平台，带动产业集群发展，促进城市功能合理布局。三要加快产业优化升级。围绕构建现代产业体系，推进城镇化、工业化、信息化融合发展，认真抓好11个产业调整振兴规划的组织实施，以提升自主创新能力为重点，在技术装备、产品研发、经营管理、人才队伍等方面加快升级步伐，大力实施产品更新换代工程，培育一批质量好、附加值高、生产规模大、市场竞争力强的知名品牌，让产品品牌与城市品牌相互促进、相互映衬、相得益彰。四要加快新兴产业发展。按照建设现代城市的要求，加快推进新能源、新材料、电子信息、生物医药等新兴产业发展，特别是要用好三年大变样腾出的空间和城市的"金角银边"，加大开放招商力度，加快推进现代服务业发展，为城市长远发展提供有力支撑。

第五，协力推进城乡统筹。统筹城乡发展是深入贯彻落实科学发展观的内在要求，是以工补农、以城带乡、发展农村经济、改变农村面貌的重要途径。要坚持在城镇化进程中统筹城乡发展，在统筹城乡发展中加快城镇化步伐，走出一条城乡协调、良性互动、符合河北实际的城镇化建设道路。一要注重发挥环京津和设区市城郊优势。坚持统一规划、科学布局、城乡联动、共同繁荣，带动辐射农村发展，走城乡一体发展的路子。二要切实提升县城发展水平。以积极的态度发挥好我省县城相对密集的优势，在推动县城自身发展壮大的过程中，带动县域农村发展。对110个独立设置的县城，要科学定位、科学规划、科学建设，促进县城建设朝着特色突出、设施良好、环境优美的方向发展，引导资金、技术、人才、信息、管理等要素向县域流动，大力培育适合县域特点的产业，增强县城的承载能力、辐射能力、带动能力，最大限度地吸引有条件的农民进城安居乐业。三要积极推进小城镇建设。我省农村地域广阔，农村人口多，推进工业化、城镇化必须走大力发展小城镇的路子。要按照科学规划、合理布局、规模适度、体现特色的要求，在政策上体现支持，尽快培育一批明星城镇，突出抓好区位条件好、发展潜力大的790个建制镇，完善交通、通讯、电力、供水等基础设施和医疗、教育、文化等公共服务设施，营造经营、加工、服务业发展必需的环境，吸引乡村中小企业特别是农村新办企业向镇区集中，鼓励大中城市的工商企业到小城镇开展商业连锁、物资配送、旧货调剂、农副产品批发等经营活动，繁荣市场，培育产业，聚集人口，发挥农村地域性经济、文化中心的作用。四要加快新民居建设。今年全部完成6500个新民居示范村规划编制，重点抓好2000个新民居示范村。新民居建设要从实际出发、分类指导，从紧靠城市、交通发达、经济条件好、农民收入高的农村先行实施，逐步推开。一是对毗邻城市、经济条件好的农村，按照城镇化要求一步到位，建设成城市社区；二是对处在城市近郊的农村，按照城市统一规划建设新民居，建成具有城郊特点的农村新型社区；三是对距离城市较远且经济发展条件较好的农村，要按照建设社会主义新农村的要求，积极稳妥地推进中心村建设。也就是从节约土地、改善生产生活条件、改变农村面貌、发展经济、增加收入出发，将一个大村或若干个较小的村统一规划成一个中心村。在规划先行的前提下，集中中央和我省支持农村发展的资金，先行用于道路、用水、电网、通信、沼气、学校、卫生、广电、体育等方面的基础设施建设，而后本着自愿的原则，引导农民从原居住地向新规划的中心村集中，逐步建成社会主义新农村。省直部门要按照要求大力支持，真正做到新农村建设规划到哪里，基础设施就跟进到哪里、就完善到哪里。

### 三、精心组织，加强领导，确保城镇面貌三年大变样工作目标任务顺利完成

一要增强机遇意识，加大工作力度。要抓住国家继续实施积极的财政政策和适度宽松的货币政策的有利时机，抓住我省城镇面貌三年大变样氛围浓厚、城镇化加速发展的有利时机，用足用好优惠政策，千方百计争取支持，完善措施，加大力度，打赢今年城镇建设的攻坚战。

二要增强创新意识，破解制约难题。要创新观念、创新方法、创新体制，树立新型城市建设投融资理念，深化城市投融资体制改革，推动资源、资产优化配置，实现城市资源资本化、城市建设市场化、建设运营公司化、投资主体多元化，形成政府主导、市场运作、社会参与的建设格局。

三要增强长远意识，做到持续推进。要下定决心、坚持不懈，始终做到认识不动摇、工作不松劲、力度不减弱，不遗余力、扎扎实实地推进城镇面貌三年大变样工作，努力实现三年大变样、三年上水平、三年出品位。

四要增强和谐意识，实现利民惠民。坚持城镇建设民生为要，把做好思想工作与解决实际问题有机结合起来，切实解决好涉及群众切身利益的安置、补偿、就业、社会保障等具体问题，真正做到和谐拆迁、和谐建设、和谐管理。

五要增强责任意识，提供有力保障。要健全落实城镇面貌三年大变样工作领导责任制，各级政府一把手要牵头抓、负总责，分管领导要负起直接责任，城建部门和三年大变样工作办公室要负起具体责任，有关部门要负起支持配合责任，加强督促检查，严格考核评估，认真落实奖惩，确保把目标任务落实到具体项目上、落实到建设进度上、落实到工作成效上。

六要增强实干意识，做到说到干好。要巩固干部作风建设年活动成果，下决心转变工作作风，真正做到说了算、定了干，干就干实、干就干好。决不允许说说动动、推推干干，更不能说了也不动、推推也不干。这要作为衡量干部作风、水平、政绩的重要尺度。

（本文为河北省人民政府省长陈全国2010年2月26日在全省城镇面貌三年大变样暨保障性安居工程建设工作会议上的讲话）

# 以科学发展理念推进城市改造建设

车 俊

城镇化事关全局、事关长远，是现代化建设中的一个重大战略问题。城镇化是工业化、现代化的必然要求，也是实现工业化和现代化的必经之路。综观世界各国发展历史，可以说实现工业化、现代化的过程就是城镇化的过程，城镇化的水平直接反映着一个国家和地区现代化的水平。目前，我省已进入加快城镇化的重要阶段，但城镇化水平还比较低，不仅城镇化率低于全国平均水平，更重要的是城市的规划、建设、管理水平较低，城市的功能、价值、品位较低。加强城市的规划、建设、管理对于推进城镇化建设至关重要。省委、省政府提出城镇面貌三年大变样，既是城镇化建设的一个重要的、阶段性的目标，也是一个切入点和重要抓手，必须把推进"三年大变样"作为关系全局的一项重要工作来抓。

当前，我省城镇化建设既面临挑战，又面临机遇。最近国家为应对当前严峻的经济形势，出台了一系列扩大内需的政策措施，特别是加大基础设施建设的投资力度，我省也已经进行了部署；省委、省政府对城镇化建设高度重视，特别是主要领导亲自抓，多次动员部署，提出明确要求，研究解决问题，形成了强大推动力；广大群众对"三年大变样"工作热情支持，积极参与，形成了浓厚的社会氛围；经过近一年的努力，"三年大变样"工作取得明显进展，打下了良好基础。我们一定要正确看待挑战，化挑战为机遇，化消极为积极，抓住难得的机遇，进一步加大工作力度，坚定不移地推进城镇面貌三年大变样工作，把全省的城镇化建设提高到一个新水平。

## 一、统筹城市外在形象与内在功能完善，充分发挥规划的龙头和导航作用

城市规划涉及经济社会发展的方方面面，是一项全局性、综合性、战略性、基础性的工作。规划决定着城市发展的未来，是城市建设管理的重要依据。大到城镇的布局和规模，小到每一个建筑的色彩和格调，不同层次、不同类别的规划，都对城市建设起着重要的作用。当前，我省新一轮城市改造和建设面临着诸多问题，亟需规划的调控和指导。能否如期实现城镇面貌三年大变样的既定目标，规划工作至关重要。要重点处理好六个方面的关系：

一是城市总体规划与控详规等规划的关系。城市总体规划的主要职能是确定城市的性质、规模、发展方向以及制订城市各类建设总体布局的全面安排。但是，城市建设仅有总体规划是不够的，还要有分区规划、控制性详细规划、专项规划等作为城市改造和建设的重要依据。从实践看，往往比较重视总体规划，但对分区规划、控制性详细规划、专项规划重视、研究得不够，使总体的思想定位没有落到实处，或者出现与总体规划相违背的问题。因此，要在总体规划的指导下，推动各专项规划的编制，重点完善城市景观风貌、城市绿地系统、城市防灾减灾、城市道路交通、历史文化名城保护等专项规划，以及供水、供热、供气、供电、通讯和大气环境、节能减排等专业规划。要强化控制性详细规划编制，突出抓好城市重要地段和重要节点的修建性详细规划、详细城市设计，打造城市精品和亮点。

二是城市总体规划与城市功能定位的关系。城市是一个集经济社会文化发展、生态建设以及群众居住于一体的综合系统，涵盖了生产力布局、产业和要素聚集、社会与文化发展及生态文明等深层内容，决不是旧建筑的拆迁和新建筑物的堆积，更不是简单追求建筑景观的表面美观、宏大。因此，城市总体规划要充分体现综合性，一定要把所在城市的功能确定好，决不能就城建论城

建，决不能照抄照搬。在城市空间布局安排中，要充分考虑城市产业布局及结构调整，高度重视城市发展方式的转变，充分体现生态建设、环境保护的要求，大力弘扬地域历史文化特色，真正做到"谋全局、定方向、管大事"。

三是城市规划中当前与长远的关系。城市总体规划是对未来发展和当前建设的系统安排，既要着眼长远，又要立足当前，处理好规划的前瞻性、宏观性与操作性的关系，保证城市总体规划有序落实。当前我省正在开展的新一轮城市总体规划编制工作，一定要注意为未来发展留足空间，切不可急功近利，留下历史后遗症。未考虑成熟的建设项目，要先花时间进行可行性分析和规划研究，切忌仓促上马，一定意义上讲，好的"留白"也是贡献。城市建设要实行"三级跳"。第一跳，到明年"十一"前，抓紧谋划完成一批明年迈大步、向建国60周年献礼的大项目。第二跳，到2010年底，着重谋划完成一批大项目，确保三年后能够让人民群众实实在在感受到真的变样了。第三跳，9至10年后，把河北的设区市特别是中心城市初步建成现代化城市。每一跳都要有具体的目标，都要有具体的项目支撑，将长远规划、中期规划与眼前工作真正结合起来。

四是城市改造与新建的关系。进行新一轮城市改造和建设，必要的"大拆、大建"是历史的必然，只有"大拆、大建"，才能实现"大变"。但是，拆迁改造中一定要遵循客观规律，处理好三个关系。第一是改造与文化保护的关系。河北历史悠久，文化积淀深厚，许多城市成长于历史文化的沃土，也承载着保护、传承和发扬的重任。城市规划设计、改造一定要植根于地域文化的土壤，延续历史文脉，提炼文化内涵，彰显城市的独特个性，切不可切断城市的文化脉络。第二是拆迁与新建的关系。不能光重视拆，而对拆后如何建重视不够或放任自流，对拆迁后的区域定位应认真考虑。第三是旧城改造与新城建设的关系。建设新城时要重视老城区的改造，充分考虑其多年来大量要素的积累和居民的聚集，改造老城时也要充分考虑新城的整体建设和要素优化。

五是城市规划与设计的关系。城市规划既是一项政府的公共政策，又是一项技术含量很高的设计活动。要提高规划设计水平，就要在总体规划指导下大力开展总体城市设计，在控制性详细规划指导下开展城市重要地段的详细城市设计，塑造城市亮点，提升城市品位。随着工作的快速推进，目前工作重点正在由拆迁转移到建设上来，城市设计显得越来越重要。要搞好城市空间色彩研究，把城市色彩作为城市的"第一视觉"纳入城市规划的重要内容，确定城市的主色调。要把标志性建筑作为城市的"名片"纳入规划内容，每个城市都要规划建设一批标志性的建筑或建筑群。要搞好"穿衣戴帽"，关键是搞好景观设计，力争在提高特色水平上实现新突破。要引入先进的规划设计理念，放开规划设计市场，引入竞争机制，公开招投标，切实搞出高水平的规划设计来。

六是城市规划与执行的关系。城市规划能不能落到实处，关系到新一轮城市改造和建设的成败。现在有些地方确实存在对规划反复更改的问题，这要从两方面分析。一种是已有规划不合理、漏洞太多，随着形势发展已不适应，这就要求我们必须下大力量把规划搞成高质量高水平的几十年上百年不落后的规划，一个规划走到底，一任接着一任干。全国城市建设搞得好的地方，大凡都是这样干出来的。另一种是以领导认识水平、长官意志和喜好为转移随意更改，这是城市建设中的大忌，而且往往造成严重的损失，必须切实纠正。各级党政领导特别是主要负责人要树立"规划即法、执法如山"意识，城市规划一经批准，必须严格执行，不得随意变更，修编要经过严格的程序。要切实提高控制性详细规划的法律地位，完善城乡规划的强制性内容。加大规划执法力度，严肃查处违法建设，做到执法必严、违法必究，坚决杜绝以罚代拆、以罚代改，确保做到依法处罚。要加强规划执法长效机制建设，完善监督、纠正、处罚以及责任追究机制。

## 二、统筹各种资源与资产，着力破解城市建设资金难题

资金短缺是制约城市建设的一个突出问题。目前，在城市建设资金投入上，各地普遍存在一些问题：城建领域投融资体制改革滞后，城建资金主要依靠财政投入的模式未发生根本转变，资金缺口较大；缺乏统一协调，城建资金的筹措、调度、使用处于零乱、分散状态，不利于整合使用；经营主体不明，产权不清，城市资产投资权、经营权、收益权处于无序分离状态，投资收益不能集中回收；城市公用事业改革滞后，经营效率低下，甚至亏损严重，增加了

财政负担。特别是目前房地产市场走势低迷，对城市土地出让、开发和收益产生不利影响。

城建资金的有效筹措和落实是实现城镇面貌三年大变样的重要保障。要从根本上解决城建资金紧缺问题，必须树立新型城市建设投融资理念，积极推动城市资源、资产的优化配置，努力实现"四化"：城市资源资本化，将城市土地、房产、市政公用设施等各类资源作为资本，运用招标、拍卖、转让等形式进行经营，实现资源的最大价值转化和最优配置；城市建设市场化，把城市建设作为一门产业，把城市、企业、投资者之间的关系转为市场机制下的双向选择关系，开放建设市场，实现城市资源的自由市场流动；建设运营公司化，推进市政公用事业公司化改造，实行项目建设公司化运作，形成"借钱—生钱—用钱—还钱"的良性循环；投资主体多元化，包括项目融资、政策融资、市场融资等。要牢固树立市场理念和经营理念，把城建投融资作为当前的大事来抓，为"三年大变样"提供雄厚的资金保障。

一是盘活城市土地，充分发挥其财富效应。土地是稀缺的不可再生资源，是城市经营的轴心，政府城市经营最主要的资本就是土地。可以说，掌握了土地，就掌握了开发的主动权，就掌握了城建投融资的主要手段。要采取铁腕政策，加快建立土地收购制度，对建设用地实行百分之百储备，实现政府对土地一级市场高度垄断，形成"一个渠道进水、一个池子蓄水、一个龙头放水"的土地统一供应机制。要按照管住总量、严控增量、盘活存量、集约高效的要求，充分挖掘土地存量资源，提高土地利用效率，切实缓解用地矛盾。一定要从巩固农业基础地位和维护粮食安全出发，严格执行保护耕地的基本国策，通过科学规划，合理有序地控制城市规模。

二是加强城市公共资源经营，激活城市资本市场。强调城市建设决不能靠政府"负债经营"，应该"以城养城"，强化政府调动资源办大事的能力。要大力推行市政公用事业特许经营，广泛采取BOT（建设—经营—转让）、TOT（转让—经营—转让）等项目融资、建设和运营模式。要出台优惠政策，通过招商引资或公开竞拍的方式，将城市存量基础设施的产权或经营权向国内外投资者出让或转让，以股权或经营权换取资金，实现存量资产由实物形态向价值形态转变，回收资金继续投入城市建设。

三是整合管理资源，提升城建投融资运作平台。目前，多数市成立了城建投融资公司，有的市甚至成立了多家类似公司。但是由于管理体制、条块分割、部门利益、运营权限等因素，这些公司未能有效整合城市资源并高效运营，没有发挥出应有作用。各地要借鉴先进城市的成功经验，按照理顺体制、完善机构、赋予权限、明确职能等原则，对城投公司进行全面提升和有效整合，做到观念要新、机制要活、人员素质要高。

四是加强政策调控，促进房地产市场健康发展。房地产产业在国民经济中属于基础性、先导性产业，对促进投资和消费具有双向拉动作用。最近，国家和我省都已出台相关政策措施，春华代省长在上期研讨班结束时也已讲了明确意见，各地要结合实际，认真抓好落实。

### 三、统筹政府主导与市场运作，大力提高城市建设改造质量

推进"三年大变样"，必须坚持"政府主导、市场运作"原则。在城市规划、建设、改造、管理等具体工作中，各地要明确界定哪些需要强化政府的主导作用，哪些需要依靠市场解决。该政府主导的，政府必须主导起来；该政府统筹的，政府必须统筹起来；该用市场机制来解决的，必须用市场机制解决。政府要确保做到既不能"缺位"，也不能"越位"，更不能相互替代。目前，有些地方政府主导作用发挥得不够好，特别是在城中村改造中，很多项目实际上是由开发商或村委会主导。房地产商的性质决定了其只考虑利润，一些村委会由于认识问题和客观限制，往往考虑本村利益、暂时利益过多，引发了不少问题。一是开发容积率偏高，对疏缓老城区建筑密度、改善生态环境等产生不利影响。有的村容积率平均达3.5左右，甚至达到4.0，远远超过了规划控制标准。二是拆迁补偿标准过高，没有将照顾村民利益与降低拆迁成本有机结合起来。补偿成本过高不仅导致攀比示范效应，也为后续改造带来诸多困难。三是片面注重空间形态改造，未同步做好土地性质、村民身份、管理体制转变等相关工作。特别是千篇一律地实行村民全部回迁安置的办法，会使城市中心的人口密度和建筑密度更大，市民素质难以整体提高，而且还会带来许多社会

问题。在下步工作中，必须强化政府主导作用，切实把握好以下原则：一是要合理确定拆迁补偿成本。灵活采取多种补偿方式，深入细致地开展解释宣传工作，降低村民对拆迁补偿的心理预期。二是要严格控制开发建设的容积率。切实将城中村改造和调整城市用地布局、改善生态环境有机结合起来，有效地疏解老城区建筑密度高、空间拥挤、交通堵塞、生态和景观环境差等突出问题。三是要同步解决好相关配套问题。城中村改造中，要在实现物质形态转变的同时，同步实现集体土地向国有土地、村民身份向市民身份、村委会向居委会、农村生活方式向城市生活方式的转变，从而使城中村村民适应并融入城市生活，共享城市改造和建设的成果。

**四、统筹城市建设和改善民生，提高广大群众的幸福感和满意度**

推进城镇化，开展"三年大变样"工作，根本目的是要通过优化城市空间布局，改善城市环境，完善城市功能，提升城市的价值和品位，满足人民群众日益增长的物质文化需求。因此，必须坚持以人为本，始终把实现好、维护好、发展好人民群众的根本利益放在首位，一切以群众满意为出发点和落脚点。在具体工作中，要坚决防止和克服为拆迁而拆迁、为建设而建设、为管理而管理的单纯片面观点和做法，充分考虑群众的现实和长远需要，真正把城市建设成为繁荣、舒适的现代化城市。特别是在大规模拆迁、拆违及旧城改造中，必须把城市建设与民生问题统筹考虑，拆迁时要充分考虑被拆迁群众的权益和利益、考虑所在地群众基本民生需要、考虑大的民生设施布局，进行超前筹划，做好政策指导、配套服务、扶持和救助等基础性、保障性工作，带着感情全力做好民生关怀工作，赢得群众的理解和支持。要充分考虑群众的生产生活需要，尽可能减少对群众生产生活的影响。要切实做好拆迁群众的补偿安置工作，努力将有关群众的损失减到最低程度。要努力做好困难群众的帮扶和救助工作，为困难家庭或拆迁失业人员提供最低生活保障、医疗救助和就业援助等，对特别困难的家庭要给予特别救助。要全面做好住房保障工作，合理调整经济适用住房和廉租住房保障目标，进一步扩大廉租住房保障范围，对符合条件的城市低收入家庭做到应保尽保。要全面做好群众思想政治工作，在最大限度上争取广大群众对"三年大变样"工作的理解、支持和参与，努力防止部分群众对"三年大变样"工作产生误解、非议和抵触现象。

### 五、统筹市、区两级政府的管理，调动各级抓城市建设管理的积极性

搞好城市建设管理，必须有良好的体制机制来保障。目前，一些地方在城市建设管理体制方面普遍存在市级权力过大、统得过死，也管不过来，区以下责权不明、功能不全、积极性不高的问题。推进"三年大变样"，必须在创新城市建设管理体制机制方面做文章，尽快建立起城市建设管理的长效机制。

要建立主体明晰、职责明确、权责统一的责任体系和责任落实机制。按照统一领导、综合管理、分工负责、协调高效的原则，建立条块结合、有机衔接的城市建设管理体制。从纵向上，落实和完善"两级政府、三级管理、四级监督"的工作体系，明确界定市、区、街、居四级的职责。要按照市一级管大规划、管全局、管重点，区一级管属地、管具体，街道办和居委会负责基层协调、排解纠纷、社会监督、信息沟通等，建立起合理的城市分级管理体制，实现区、街道、居委会的职能转换，提高管理效率和服务质量。从横向上，要充分发挥专业管理部门的职能作用，强化宏观调控职能和监督约束机制，做好综合协调和统筹安排，搞好行业规划和方针政策的制定。要加强条块的统筹协调，通过合理分工，提高执行能力。要特别强调重心下移、属地管理、以块为主，强化区和街道一级的责任和职能，将市的一部分权力、责任下放到区里，将城市建设管理总体目标和工作要求分解细化，层层抓实，形成分工科学、协作有力、高效运作的工作运行机制，从而调动并充分发挥各级各部门抓城建抓城管的积极性。

### 六、统筹城市建设与新农村建设，促进农村面貌改善

当前，我国正处于以工促农、以城带乡的历史发展阶段。推进城镇化建设，必须坚持统筹城乡发展，推动城市和农村共同进步，防止城乡差距进一步拉大。要按照城乡一体化的要求，推动公共财政投入、基础设施建设、公共服

务体系向农村倾斜，促进农村加快发展。要统筹考虑城市和农村的规划、建设和管理，防止彼此分割、顾此失彼，努力实现城乡协调发展、良性互动。要注重中心城市与周边县（市）、小城镇的统筹，在规划制定、基础设施建设等方面统一考虑。要注重中心镇与周边农村的统筹。要注重社会主义新农村与新农村村居建设的统筹。要本着先易后难的原则，从道路、水电、绿化、垃圾处理等基础设施建设入手，实现城乡资源共建共享。

需要强调的是，推进城镇面貌三年大变样，加快城镇化建设，必须加大力度，加快进度，不要因一时遇到困难就丧失信心。同时，要坚持因地制宜，既要尽力而为，又要量力而行。在规划上，要适度超前，体现前瞻性。在工作推动上，要明确阶段性目标任务，分期分批完成，既积极主动又不能急于求成，使工作力度、建设速度与本地经济社会发展水平及群众的承受能力相适应。

实现城镇面貌三年大变样是一场集中攻坚战，下一步工作任务更加艰巨，必须下大力来抓。一是要统一思想。各地各部门要切实把思想统一到省委、省政府关于加快推进城镇化建设的决策部署上来，坚决贯彻云川书记提出的"'三年大变样'工作只能加强，不能削弱"的重要指示，坚定不移地把这项工作抓紧抓好。要进一步解放思想，坚决破除不合时宜的思想惰性和思维惯性，以开放的心态抢抓机遇，推进工作，以创新的思路克服困难，努力开创我省城镇化建设的新局面。二是要加强领导。各市党政一把手必须强化第一责任人意识，对"三年大变样"工作亲自谋划、部署和组织实施，对工作进展和成效全程、全面关注，发现问题及时协调解决。各级各部门领导干部都要高度重视、全力支持"三年大变样"工作，形成强大合力。三是要深入学习。在年底各项工作十分繁忙的情况下，把大家集中起来进行推进城镇化建设工作的培训学习，充分说明省委、省政府的决心和信心，也说明搞好"三年大变样"必须学习、学习、再学习。大家要珍惜这次研讨班的难得机遇，专心听讲，认真研讨，结合工作实际深入思考，确保学有所获。各有关部门要组织好、保障好、服务好。四是要真抓实干。推进"三年大变样"，关键是靠有真才实学、能真抓实干的干部。各级干部要始终保持良好的精神状态和顽强拼搏、攻坚克难的过硬作风，做到一级抓一级，一级对一级负责，逐级抓好落实，心无旁骛、集中精力做好工作。对上级的安排部署，对既定的目标任务，拒绝理由、坚决完成。

（本文为中共河北省委副书记、石家庄市委书记车俊2008年11月17日在全省加快推进城镇化建设领导干部专题研讨班上的讲话）

◎ 邯郸龙湖公园

# 解放思想　武装头脑
# 增强驾驭城镇化建设的能力

梁　滨

**一、进一步加强学习，努力把培训成果转化为工作成果**

这次专题研讨班，内容多、信息量大、时间较短。把这么多的培训内容学懂弄通，应用到实际工作中去，一方面要对培训内容再学习、再消化、再巩固，另一方面要在抓转化上下工夫，努力把培训成果转化为工作成果。

一要进一步深入学习领导讲话，全面准确地领会和把握精神实质。云川、春华、车俊同志都对培训班讲了重要意见，云川书记提出了现代城市发展的"两个核心"、"六个特点"和"三年大变样五项基本目标"；春华代省长提出了要着力解决好"三年大变样四个突出问题"；车俊副书记提出了加快城镇化建设的"六个统筹"。三位领导的讲话为做好今后工作指明了方向，提出了更高要求，我们一定要深入学习、全面领会，切实把思想认识统一到讲话精神上来，统一到省委、省政府的决策部署上来。在学习过程中，要深入学、反复学，不仅自身要学好，而且要带动、组织其他领导和同志们也要学好，真正把讲话精神学深学透，抓好贯彻落实。

二要学习掌握城镇化建设的基本规律，努力增强决策的科学性。这次培训班我们聘请的老师都是国内城市建设领域的知名专家和学者，他们从理论上和实践上为我们传授了很多新知识、新理念、新方法，但这仅仅是为大家拓宽了视野，开阔了眼界，要真正掌握城镇化建设的基本规律和特点，还需要进一步加强学习，进行深入研究，进一步深入实践。城镇化建设是一项系统工程，具有多学科的特点，涉及经济、科技、文化、社会等方方面面。在座的各位学员作为我省各地城镇化建设的决策者、组织者和实践者，都面临着推动经济社会科学发展、和谐发展，抓好城镇化建设的重大课题。一个城市好不好，是对市长的综合评价，当一个市长，确实需要有目光、有品位、有感情。我们只有努力学习、深入钻研，才能保证决策的科学性、准确性，才能推动城镇化建设的有效实施。因此，我们要带头学习城建、研究城建，不仅要学习城镇建设管理知识，而且要熟悉城镇建设的法律法规和决策程序，努力把握城镇化建设的基本规律，只有这样，才能保证城镇化建设按照科学的轨道推进。

三要结合工作实际，不断地把学习收获转化为推进工作的思路措施。同志们回去以后，首要的是要把研讨班的收获与本地本部门实际工作进行对照检查。要用学到的新思想、新理念、新方法去审视以往的工作，认真总结行之有效的工作经验，查找存在的问题差距，组织开展一次"回头看"活动。通过全面深入的总结检查，把该调整的工作思路加以调整，把该完善的措施加以完善，真正把研讨班的收获落实到具体工作中去。同时，要把省委、省政府的决策部署传达好、贯彻好，让这次全省领导干部集中培训的成果与本地本部门的同志们共享。还要结合工作实际，就加快推进城镇化建设的重点、难点问题，一个专题一个专题有针对性地组织培训，坚持把学习培训活动贯穿于推进城镇面貌三年大变样工作的始终，边学习、边研究、边工作，在推进工作中不断加强学习，把学习的收获不断地转化成推进工作的思路措施，真正收到武装头脑、指导实践、推动工作的效果。

**二、进一步解放思想，用科学的理念指导城镇化健康发展**

凡事预则立，不预则废。推进城镇化建设，首要的是要树立科学的理念，用科学的理念来指导和推动工作。应该讲，加快城镇化建设并不是一项全新的工作，改革开放以来，各地在推进城镇化建设方面进行了很多的积极探索，积累了不少成功经验，也总结概括出了一些必须坚持的科学理念。与发达地区相比，从今后城镇化发展的潮流来看，我认为在推进城镇化建设中必须强化以下几种理念：

一是要强化"执法如山"的理念，努力维护城市规划的权威性。城市规划是城市建设最重要、最基础的工作，也是城市建设管理的基本依据。我们可以回想一下，一些城市搞不好，存在盲目建设、布局混乱、功能不全、环境污染等一系列问题，其中很重要的原因，要么是没有规划，要么就是规划编制制定得不科学、不合理、层次水平不高；要么是有规划不严格执行，执行规划随意性大，不落实或落实不到位。在有的地方，规划不如市长一句话。有的领导意见或许是一个好意见，对某些局部有指导性，但或许就破坏了城市的整体性。强调"规划即法、执法如山"，关键是把规划这个"山"安到每一位市长、城建工作者的心里去。可以说，执行规划不严肃、不坚决，是影响当前城市建设规范有序、健康发展的一大顽症，这与我们有些领导干部的政绩观有关系。当前，我们实施的城镇面貌三年大变样工作，从一定意义上讲就是按照科学的城市规划推进城镇化建设的重大举措，就是维护规划严肃性的一次集中清理整顿。因此，在提高城市规划科学性的前提下，在推进城镇化建设过程中，必须强化"规划即法、执法如山"的理念。城市规划一经确定，就要不折不扣地执行和落实，不得随意变更。搞出一个高水平规划是政绩，维护规划严肃性也是政绩，要像遵守法律一样地落实规划，切实维护规划的法律地位，加大规划执法力度，严肃查处规划违法行为，做到执法必严、违法必究，坚决杜绝违法、违纪、违规审批项目的现象。要建立健全规划执法有效措施，完善规划监督、纠正、处罚以及责任追究机制。只有这样，才能从根本上发挥应有的作用。

二是强化"突出特色"的理念，努力彰显城市的魅力。一个城市没有特色就没有个性，没有个性就缺乏魅力。塑造城市特色，要从自然环境、文化传统、资源优势、产业特色等方面进行科学设计，准确定位，突出城市独特内涵。从河北的情况看，在城镇化建设过程中，我们在突出城市特色方面应该说存在着这样或那样的一些问题，有的对历史文化传统挖掘不够，也有的忽视产业布局的特点，还有的不能很好地利用自然环境优势。存在的共性问题是，片面追求高楼林立，导致人口过度密集、交通拥堵等诸多问题，城市面貌雷同化、克隆化，"复制品"较多，使城市缺乏应有的吸引力。解决这些问题，必须强化"突出特色"的理念，特色就是魅力、就是生命力、就是生产力、就是竞争力。在具体工作中，一方面要从城市的整体布局上突出特色，调整城市的区域功能，充分发挥城市在经济社会发展中的辐射带动作用；另一方面要从单体建筑上彰显个性，精雕细琢搞好每一项建设，着力打造高档次、高品位具有鲜明特色的标志性建筑。特别要在城市建设中努力挖掘自身优势，突出比较优势，没有优势要找出优势、创造优势，尤其要突出独特的文化内涵，凸显城市的精神风貌。

三是要强化"经营城市"的理念，把政府主导与市场配置有效结合起来。即使在发达国家靠政府财政拿钱搞城市建设也是不现实的。搞得好的全部是靠经营城市，利用城市建设来吸纳资金、改造城市。加快推进城镇化建设，必须充分发挥"两只手"的作用，一手要开放市场，让市场有效配置资源；一手要加强政府主导，让政府规范建设秩序，不仅要"两手抓"，而且要"两手硬"。在开放市场上，从城市规划到设计建设，从城市管理到资金投入，都要打破思想藩篱，切莫闭关自守，在充分发挥自身优势的基础上，勇于敞开家门，把国内外一流的规划设计建设单位引进来，把能人、高人、大师请进来，把社会资金、民间资本融进来，不断地完善市场竞争机制，充分发挥好市场配置资源的作用。在政府主导上，要充分发挥政府的管理职能，适时适事地研究制定规范市场、优化环境的政策，该管住的一定要管好，该放开的一定要放开，善于运用经济、行政、法律等手段主导市场健康运行。在实际工作中，如何使市场和政府发挥好自身作用，如何使两者有机地结合起来发挥好综合效应，必须结合实际，解放思想，认真研究，科学决策。

四是要强化"关注民生"的理念，切实维护好群众的切身利益。实现城镇面貌三年大变样，加快推进城镇化建设的出发点和落脚点都是为了改善民生，提高人民群众的幸福指数。因此，这项工作成效的衡量标准，最重要的就是要看人民群众满意不满意。这就要求我们在实际工作中要始终把切实维护好人民群众的利益放在首位。在实际工作中，我们遇到的事情往往是合情的不合理、合理的不合法、合法的又不合情，这恰恰是很难办的事情。维护群众利益，既要处理好维护长远利益和眼前利益的关系，也要处理好维护这部分人与那部分人利益的关系，还要处理好维护少数人与多数人利益的关系。这就需要我们研究工作艺术，提高工作水平，对因为拆迁给群众造成的利益损失，要研究制定合法合情合理的政策，妥善地将损失降到最低程度。对群众担心不公开、不透明、不公正的事情，要严格办事程序，严肃工作纪律，做到让群众放心满意。对因群众不理解而引发的矛盾冲突，特别是群众性事件，要充分发挥思想政治工作优势，耐心地做好说服教育工作，决不能简单从事，采取不恰当的方式激化矛盾，影响社会稳定。实事求是地讲，实现城镇面貌三年大变样，加快城镇化建设步伐涉及群众利益比较多，是一个环节多、难度大的工作，解决工作中的诸多难题，要靠深入细致的工作，不断完善政策措施，改进工作方法。但是，即使难度再大，也决不能损害群众利益，激化社会矛盾。这是我们工作中必须牢牢把握的一项基本原则。

### 三、进一步改进作风，推动城镇化建设取得实实在在的成效

我省城镇面貌三年大变样工作，在省委、省政府的正确领导下，经过各地各部门的不懈努力，有了一个良好的开端，取得了初步成效，但今后的工作任务还十分繁重。要确保这项工作取得更大的成效，不仅要求各级干部要有真才实学，而且要求真务实、要真抓实干，具有较硬的工作作风。

第一，要有高度负责的态度。城镇化是一个长期性的战略，而城市建设具有阶段性特征。目前，河北城镇化水平较低，正处在一个发展的关键阶段，实现城镇面貌三年大变样，给了大家一个很好的工作机会，让大家施展才华。我们应该珍惜机遇，不要"浪费领导资源"，千方百计把工作干好，要有历史责任感和光荣感，在座的各位学员在实现城镇面貌三年大变样工作中，都肩负着重要职责。这项工作的艰巨性、复杂性和长期性，要求我们必须以高度负责的态度，在思想上高度重视，在工作上亲力亲为。要坚持亲自谋划部署，亲自组织实施，亲自督导检查，始终把这项工作牢牢抓在手上。要全程关注工作的进展和取得的成效，发现问题及时组织协调解决。要建立工作责任制，一级抓一

级，层层抓落实。要把推进"三年大变样"工作的成效纳入干部考核的重要内容，作为评价、使用干部的重要依据。

第二，要有科学创新的精神。加快推进城镇化建设，从全国看来是一个老话题，从河北来看是一项新工作。我们既要认真学习外地的先进经验和成功做法，更要从河北实际出发创造性地开展工作。各级领导干部首先要树立创新工作的勇气，强化创新工作的意识，指导本地本部门着眼于加快推进城镇化建设的进程，努力推进思想观念创新、工作方式方法创新、体制机制创新，努力消除影响推进城镇化建设的障碍因素。要积极鼓励大胆探索、勇于实践的做法，努力营造工作创新的宽松环境。要善于发现和总结在工作创新方面的好经验、好做法，及时给予宣传推广。

第三，要有埋头苦干的韧劲。开展城镇面貌三年大变样工作已经一年多了，虽然取得了一定成效，但各方面的困难和问题仍然很多，今后一个时期是攻坚克难的关键时期。要把这项工作顺利推进，取得新的进展，必须有一股埋头苦干的韧劲、锲而不舍的精神。应该承认，一些地方和部门的干部，面对推进"三年大变样"工作中遇到的困难，存在着或多或少的畏难情绪，缺乏工作激情，工作不够主动，影响了推进工作的进度和质量。为此，我们要教育引导干部在思想上要敢于正视困难，在工作上要加强调查研究，深入分析问题症结，努力寻找解决困难的办法，把思想上的压力转化为积极工作的动力。同时，要采取切实有效措施，努力攻坚克难。要强调大局意识，加强部门之间的协调配合，调动方方面面的积极力量，打好城镇面貌三年大变样这场攻坚战。要加强对广大群众的引导，最大限度地争取理解和支持，进一步形成浓厚的舆论氛围，为加快推进城镇化建设创造良好的社会环境。

（本文为中共河北省委常委、组织部长梁滨2008年11月27日在第二期全省推进城镇化建设领导干部专题研讨班上的讲话）

◎ 沧州新貌

# 河北推进城镇化和城市现代化若干问题的思考

宋恩华

从发展战略层面来看，关系河北科学发展的重大问题最突出的是两个，一个是经济结构调整，构建现代产业体系；一个是城乡结构调整，加快城镇化进程。河北省委、省政府作出城镇面貌三年大变样的战略部署，目的是通过第一个三年大变样，第二个三年上水平，第三年三年出品位，有步骤地推进城镇化和城市现代化，为经济社会发展提供载体支撑。在城市更新改造中实现经济结构和城乡结构的调整，必须理清城镇化和工业化的关系，在城市规划建设、宜居城市建设、城市风貌塑造、城市建设投融资体制改革等方面取得突破，走出一条具有河北特色的城镇化道路。

## 一、以现代城市建设引领现代产业发展

在经济全球化背景下，产业的竞争、区域的竞争，越来越突出地表现为城市的竞争。构建现代产业体系，促进全省经济社会又好又快发展，必须研究现代产业与现代城市的互动机制，走新型工业化和新型城镇化互促共进之路。

### （一）现代产业与现代城市是现代化建设的"一体两翼"，推进科学发展必须推进二者的良性互动

人类的现代化是沿着两条线路展开的：一条是产业上的演进与升级，即

工业化过程；另一条是空间上的聚集，即城镇化过程。这是驱动一个国家和地区现代化不可或缺的两个"引擎"。工业化和城镇化互为依托，又相互促进，就如同一驾马车的两个轮子，只有"双轮驱动"、协调推进，才能形成良性循环，为经济社会发展提供持久动力。

1. 工业化是城镇化的"发动机"。城市是伴随着生产力发展和社会分工的深化不断发展的，产业结构的递次升级是现代城市发展的内在动因。社会经济学家吉斯特和费瓦指出，农业革命使城市诞生于世界，工业革命则使城市主宰世界。从城市发展的动力机理看，工业发展加速城市量的扩张，是城镇化的基础动力；服务业发展促进城市质的提升，是城镇化的后续动力。第一，产业的扩张直接促进人口和资源向城市集中。城镇化的实质，就是由生产力变革引起的人口从农村转向城市的过程。现代产业横向上规模更大，纵向上链条更长，创造大量的就业机会，吸引农村劳动力向城市转移，促使城市人口迅速增加，城市经济比重不断提高，城市规模不断扩大。不仅如此，产业聚集还带来大量生产生活服务需求，拉动第三产业发展，进一步加速城镇化进程。第二，产业竞争力直接决定城市竞争力。产业是立城之本、兴城之基，没有产业城市就成了无源之水。随着工业由劳动密集型转向技术密集型，产品从低附加值转向高附加值，城市经济主体从工业转向服务业，装备制造业、高新技术产业、现代服务业发展水平已经成为城市区域竞争能力和创新能力的重要标志。世界上最有影响力的城市，无一例外处于产业业态的高端，无一例外通过全球化扩张形成了强有力的竞争优势。《全球城市竞争力报告》排名中，前20名都是经济规模、发展水平、创新能力、经济控制力最强的城市。第三，现代产业催生了现代城市文明。现代产业成长性强、运行质量高、经济效益好，引领着整个产业结构的转型，产生着更大规模的拉动效应，可以积累更多的财富用于城市的建设改造。同时还促进了知识、文化向城市各个领域渗透，使居民价值观念、思维方式、行为方式、文化素质发生重大变化，带动了城市的文明进步。

2. 城镇化是工业化的"基本载体"和"推进器"。世界城镇化的一般规律（诺瑟姆S曲线）表明，工业化初期城镇化水平缓慢上升，城镇化主要靠工业化带动；工业化中期后城镇化水平快速攀升，城市对产业的支撑和推进作用越来越突出。

从支撑作用看，城市是现代经济要素的聚集地，现代产业基本上都依城而建、因城而兴。当今世界90%以上的生产力集中在城市，河北省18%的城市人口创造了全省1/3的经济总量。一方面，城市规模大小影响产业聚集多少。大卫·李嘉图比较利益学说认为，劳动或资本的比较优势决定区域分工状况。要素资源共享、规模效益递增、贸易成本降低，是产业集聚的三大要素。城市是资源转换、物资集散、资金配置、信息交换处理、人才集聚的中心，城市规模越大，要素资源就越充分，产业聚集能力就越强。城市扩张带来的集聚效应、溢出效应和外部经济效应，推动产业先集聚后扩散，扩散过程又蕴含在高端产业更大规模、更强力度的集聚。另一方面，城市功能完善程度影响产业发展层次。现代产业必然要求现代化的基础设施作保障。城市相对于农村，在功能上更具备提供公共服务的先天优势。现代城市路、电、水、气、讯等基础设施发达，有着企业发展必不可少的硬环境，能够提供优质便捷高效的服务。从这个意义上讲，无论是工业化的推进，还是服务业的发展，都以城市为依托，借助城市的优越空间。

从推进作用看，城镇化在经济繁荣期是经济增长的重要动力，在经济低迷期可以通过扩大内需保持经济增长，是现代产业发展的长期动力。首先，城镇化能够创造巨大的消费需求。城市是消费的聚集区，按2008年数据计算，河北省城镇化率每提高1个百分点，就意味着增加70万城市人口，每年可新增35亿元消费，并形成乘数效应。其次，城市建设本身可以拉动和创造许多产业。城市建设对产业发展具有前诱发效应、伴随效应、后波及效应，不但直接拉动房地产、交通运输等基础产业发展，进一步带动冶金、建材、装备制造、家电家居用品等30多个产业；还可以拉动商业、家政服务、咨询服务以及科教文化等生活性服务业发展，以及金融保险、现代物流、设计规划、科研服务等生产性服务业发展。专家测算，城镇化率每提高1个百分点，可拉动GDP提高1.5个百分点，拉动就业率提高0.33个百分点。第三，城市的科技人才优势能够为产业提供创新源泉。现代产业不但强调资金、劳动力的集中，更强调知识、技术的组合。城市是现代科技的发源地和孵化器，人才、信息资源高度集中，能够提供先进的科技成果和高素质的就业队伍，提高产业的自主创新能力。

**（二）从河北所处的历史阶段看，城镇化是产城互动的关键**

河北坚定不移地推进城镇化进程，2008年城镇化率达到41.9%，比2000年提高了15.5个百分点。但从全国看，河北省工业化率高于全国6.3个百分点，城镇化率却比全国低3.78个百分点；从经济规律看，城镇化水平与工业化水平的合理比值在1.4到2.5之间，河北省仅为0.85。城镇化滞后于工业化，一个"轮子"大，一个"轮子"小，这成了构建现代产业体系的主要瓶颈。

1. 城镇化质量不高，制约了工业化进程。河北省城镇化总体水平不高，质量也不高，现有城镇人口中县（市）、镇占到60%以上，大城市不大、不强，对二产的推力不足，产业结构总体偏重，以传统资源性工业经济为主的局面没有改变；城市对三产的拉力不强，现代服务业特别是高技术含量的生产性服务业成长不够，更谈不上消费性服务业的大发展了。

2. 城市承载能力不强，制约了现代产业集聚。河北省城市基础设施欠账较多、严重滞后。面对新一轮城市扩张，城市基础设施这一"短板"更短。城市的承载能力不强，对现代产业难以形成有效吸引和支撑，导致产业聚集度偏低，大量企业分散在城乡各地，村村点火、处处冒烟的产业格局没有根本改变。

3. 城市容纳能力不足，制约了城乡协调发展。做城市就是做城乡统筹，其关键点就在于以城市的发展带动农村的发展，形成以工促农、以城带乡的城乡一体化发展格局。城市规模偏小、发展空间不足、容纳能力不强，不能带动周边地区发展，农村人口向城市流动受阻，增加了城乡统筹发展的难度。

4. 城市人居环境差，制约了高端产业和高端人才"落户"。现代产业、优秀人才总是向宜居宜业宜学的城市流动，随着产业梯度转移步伐加快，城市的规模、面貌、环境将直接决定承载和吸纳现代产业的能力。河北省城市建设品位、环境质量差，公共服务水平不高，不仅吸引不了产业和人才，还造成大量企业和人才外流。

科学发展观的第一要义是发展，推进经济社会全面协调可持续发展，城市无疑起着决定性作用。按钱纳里"多国模型"衡量，河北省正处于工业化中期，已经进入城镇化加速推进阶段。这一阶段，产业的聚集和结构调整更需要现代城市搭建平台、提供强有力的支撑。可以看出，在河北省推进现代化进程中，城镇化落后于工业化是主要矛盾。没有进一步的城镇化，就没有进一步的工业化，现代化也会因之失去动力。实现城市建设与产业发展协调发展，关键是突出城市的产业聚集和扩散作用，把城镇化作为全省核心战略长期坚持下去。

**（三）加快发展现代化城市，为构建现代产业体系提供支撑**

现代城市的终极目标有两个，一个是经济的繁荣，一个是居住的舒适。具体体现在六个方面，就是优势突出的现代产业支撑，完善高效的要素集散功能，实力雄厚的自主创新能力，魅力彰显的城市规划建设，适宜人居的良好生态环境，体现时代特点的先进文化。

现代产业体系是一个综合性概念，主要特征可以概括为五个方面：一是创新性，体现为理念创新、制度创新、知识创新、技术创新、管理创新，集聚创新要素驱动产业发展；二是开放性，体现为对内对外开放程度更广更深，要素资源在更大范围流动，新兴产业不断兴起；三是融合性，体现为信息化与工业化互动、服务业与制造业相互渗透、产业间相互融合以及文化与产业交融；四是集聚性，体现为企业基于产业链的联系、成本的节约、信息的便捷和技术扩散效应，集聚发展的要求更加迫切，集群化发展成为获得竞争优势的基本途径；五是可持续性，体现为高质量、高效益和低消耗、低污染，用最小的资源和环境代价保持产业的快速发展。

从现代城市和现代产业体系的本质看，二者在目标取向上是一致的，都是追求经济繁荣和生活舒适；实现过程是一致的，都是通过要素的空间集聚和理念创新、科技创新、制度创新来完成；基本路径是一致的，都需要转变发展方式，走资源节约、环境友好之路。推进现代城市与现代产业良性互动，就要准确把握这些基本特征，推动城市建设上水平、出品位，为现代产业聚集与发展提供载体和动力。

1. 在统筹规划上求突破，以完善的城镇体系带动产业布局优化。规划是城市发展的龙头，是城市向现代化迈进的桥梁。用城市建设引领产业发展，首先要在科学规划、统筹规划上下功夫。最根本的是做到三个衔接：一是城镇体系与产业体系相衔接。构建规模层次合理、布局结构优化、功能作用互补的城镇体系，促进大中小城市和小城镇协调发展，是优化生产力布局的根本途径。完善城镇体系要有超前眼光，突破传统观念束缚和资源条件限制，提升现有城镇的规模结构、职能结构，引导先进制造业、高新技术产业、现代服务业向中心城市集中，冶金、石化等现有和分散的重化工业向沿海转移。二是城市功能定位与产业分工协作相衔接。在经济全球化和区域经济一体化日益加深的情况下，每个城市都应放眼全国乃至世界，在国际产业分工和全省生产力布局中寻找功能定位，实现错位发展。我体会，城市的竞争力关键在两条：层次要高，高起点打造现代城市，带动产业技术高新化、产业发展规模化和产品品牌化；特点要鲜明，德国展览名城汉诺威、荷兰港口城市鹿特丹、意大利服装名城米兰，虽然不大，但都是世界闻名的特色城市。城市发展应当紧密结合自身的资源禀赋、产业基础、区位条件，确定城市主体功能，带动具有潜在优势的产业迅速发展壮大。三是城市功能分区与产业布局相衔接。层次清晰、科学合理的功能分区，是现代城市的本质要求，也是优化产业布局的需要。要加强土地一级市场调控、二级市场竞争，实施"腾笼换鸟"、"退二进三"，引导中心城区人口疏散及产业调整，提高现代服务业的聚集度。一般来说，城市功能分区应围绕四个层次展开：核心区，重点发展金融保险、总部经济等现代服务业；次中心区，重点发展房地产业、商贸流通业、高新技术产业以及科教文化、家政服务等生活性服务业；城市外围区，重点发展先进制造业以及物流、仓储等生产性服务业；辐射区，加快现代农业、农产品加工业和休闲旅游等服务业发展，并主动承接主城区传统产业转移。产业链条长的产业，各环节可在不同功能区安排，如制造业的总部可安排在核心区，科研和销售可安排在次中心区，生产可安排在工业聚集区。

2. 在中心城市和城市群发展上求突破，加快形成产业群、产业带。当今，大都市经济圈越来越成为区域竞争的基本单元。河北省是京津冀都市圈的重要组成部分，在与京津的产业分工中，河北的角色定位绝不是依从和承接，而是要把城市实力做强，形成一种互补关系、协作关系、竞合关系。一是突出城市群发展。从世界范围看，产业集群已经成为新的发展潮流。城市群是城镇化建设的基本趋势，本质就是以强势产业、强势园区为纽带，在不同城市之间实现跨区域的产业组合，推动形成产业群、产业带。根据河北省产业分工特点，应集中力量打造三个层次的城市群，培育现代产业的增长极：以石家庄、唐山两个中心城市为核心的冀东经济区和冀中南城市群，以港口、港城、港区为依托的沿海城市群，以承接京津产业和人口转移为主要特征的环京津卫星城带。二是做大做强中心城市。在区域经济社会发展中，大城市起着主导性作用。做大城市就意味着做大产业，做强城市就意味着做强产业。做大城市就要扩容增量，按照一体化、同城化的要求，把城市周边地区纳入城市的有机体，统筹规划设计、统筹基础设施建设、统筹城市管理、统筹产业发展、统筹公共服务和社会保障，拉开城市发展框架；做强城市就要提升城市能级，强化对产业的调控功能，培育发展高端产业，逐步从产业布局的"重心"，升级为产业调控功能强的"中心"，最终形成带动区域经济发展的"核心"。三是加快培育中等城市。中等城市是产业发展链的重要节点，既能承接大城市的产业转移和分工，又能带动小城市发展，是吸纳农村生产要素的中坚力量。长三角、珠三角迅速崛起，就得益于一批实力雄厚的中等城市。中等城市数量少、实力差，恰恰是河北省城镇体系中最为薄弱的环节，也是产业形不成配套发展的主要原因。要选择人口规模适应、产业基础好的县城，按照现代城市的标准来规划建设，加速城市扩张，提高带动能力，率先发展成为中等城市。选择区位好、潜力大的中等城市，培育成为新的区域中心城市。

3. 在城市开发重点上求突破，打造产业聚集高地。推进产业聚集，关键是要"筑巢引凤"，做好城市新区开发和旧城提升的文章，融合资源、提升功能、强化特色，优化投资环境，促进先进制造业、高新技术产业、现代服务业集中发展，使其成为产业发展的聚集高地和扩散基地。一是打造产业聚集区，推进第二产业上档升级。产业聚集区是产城互动的结合点。建设产业聚集区，应该充分利用城市的基础设施优势和要素资源优势。要在中心城市市区范围内，按照布局集中、用地集约、产业集聚的原则，统筹主城区和各县（市）间的产业分工关系，统一安排产业集聚区的布局和建设，搞好主城区和产业聚集区交通、通信等基础设施的对接，推进产业向园区集中，园区向城市集中。二是打造中央商务区，推进第三产业加快发展。中央商务区是城市现代化的象征，是现代服务业集中发展的区域。目前河北省中央商务区建设比较滞后，应集中力量加快发展，率先在石家庄、唐山两大中心城市取得突破。要根据城市发展定位和基础条件，科学确定中央商务区的功能定位、产业构成、设施类型等，高标准实施城市中心区域的改造升级，引导金融保险、总部经济、创意产业、文化产业等现代商务产业发展。三是打造生活性和生产性服务平台，为产业集聚提供全方位服务。从产业演变的角度看，服务业与制造业的关系越来越密切，产业集聚必然要求服务业配套发展。在城市建设中，应通过科学规划、合理布局，加强家政、咨询、中介、培训等生活性服务平台和科研、融资、营销、物流等生产性服务平台建设，为服务业发展创造条件。

4．在提升城市面貌上求突破，改善产业发展环境。梧高凤必至，花香蝶自来。加快城市的建设改造，用较短时间改善城市面貌，对推进城镇化进程、构建现代产业体系意义十分重大。一是用城市更新改造拓展产业发展空间。土地资源趋紧，是当前产业发展的重要制约因素之一。从2008年以来的实践看，拆迁是解决土地问题的有效途径。深化拆迁不能看拆了多少，而要看该拆的是不是都拆了。要把拆迁工作向纵深延伸，通过大力实施"三改"工程，进一步拆出空间、拆出环境、拆出项目。二是用城市品牌聚集财富。城市品牌本身就是价值，就是财富。达沃斯论坛缘何选择大连，就是因为大连的品牌和魅力。城市品牌来源于城市品位，要着力打造城市精品，建设一批品位高、质量好的标志性建筑、亮点工程和城市节点；挖掘历史文化特色，延续历史文脉，提炼文化内涵，彰显城市个性，提高城市知名度和吸引力。三是用良好环境吸引人才。人力资源是产业发展的核心要素。能不能吸引人才、留住人才，既靠政策，更靠环境。要按照生态、景观要求，构建近水、亲绿、宜人的绿色空间和城市风光带。要加强环境整治，创造干净、卫生、清净的城市环境。要高品位搞好住房开发建设，提高配套服务能力，让人们住得方便、住得舒适。

5．在城市基础设施建设上求突破，增强产业承载能力。基础设施是城市运行的基本载体，是产业聚集的基本要素。城市基础设施建设完备、合理、到位，就具备了吸引产业、拉动经济的基础条件。同时，城市基础设施建设对扩内需、保增长很重要。据有关专家根据数字模型测算，2009年三年大变样计划完成投资3000亿元，可拉动河北省GDP增长2.25个百分点。在国际金融危机尚未见底的形势下，更要重视和加强城市基础设施建设。一是构建城市综合交通体系。树立综合交通理念，按照网络化、无缝隙、零换乘的要求，通盘考虑城市之间、城市内部交通设施建设，加强公路、铁路、港口、航空等区域性大型基础设施建设，强化快速路、立交桥、轨道交通、大运量公交系统的建设，完善路网结构和交通组织方式，促进各种资源要素快速有序流动。二是构建城市信息网络体系。推进城市电力、电信、有线电视、计算机应用网络等基础设施建设，整合各种信息资源，完善城市信息技术应用平台，加快实现产业间的信息共享和综合运用。三是构建城市循环体系。按照产业布局特点，合理摆布城市污水、垃圾处理设施和给排水、供气、供热管网，提高中水利用率和垃圾资源化利用率，增强对产业的服务能力。四是构建城市环卫体系。加大环卫事业管理权下放力度，推进环卫设施建、管、养分离，将作业任务尽快推向市场，支持社会力量组建作业公司，推进环卫事业产业化发展。五是构建城市生态绿化体系。坚持环境优先、生态优先，以创建园林城市为抓手，大力推进城市绿化建设，构建绿量充沛、布局合理、景观优美的城市绿化体系，解决好大气和水等影响城市经济社会发展的环境问题。六是构建防灾安全体系建设。要树立安全城市理念，搞好人防、消防以及防洪、防雪、防雷、防震等基础设施和避难场所建设，为企业安全生产、稳定生产提供保障。

### 二、城市现代化建设必须大力提高规划设计水平

城市的未来从规划起步，掌握在规划的手中。规划既是城市拆和建之间的纽带，也是城市向现代化迈进的桥梁，贯穿于城市改造和建设的全过程。规划引领着城市发展方向，规划的失误将是战略的失误。因此，规划的问题必须时刻挂在心上、抓在手上，并要探索新思路，形成新举措。在"三年大变样"这一历史变革中，城市规划处于"龙头"地位，要按照现代化的标准、世界一流的水平搞好规划设计，形成"纵向到底、横向到边、覆盖城乡"的规划体系，

做到既注重全局、宏观的把握，又注重局部、细节的刻画，经得住实践、群众和历史的检验。

**（一）规划要真正成为城市发展的"蓝图"**

首先，总体规划要"谋全局、定方向、管大事"。新一轮城市总体规划要坚持以科学发展观为指导，深入分析城市的区位、经济、人口、用地等条件，科学确定城市发展方向、空间布局、特色定位。坚持目标引领，按照城市发展目标，针对城市发展面临的重大问题，提出切实可行的对策和措施，增强规划的可操作性和针对性。新一轮总体规划调整要加快速度，确保按时限完成，并体现各项指标向中心城市倾斜的思路。

其次，控制性详细规划要"全覆盖、法定化、把关口"。充分发挥控详规在城市改造中的调控作用，每一个开发地块都要做到控详规全覆盖。现在，大部分设区城市近期建设地段的控详规编制成果实现了全覆盖，下一步要加快审批进度，尽快确立其法定地位，为城市改造提供基本控制依据。凡是没有依法审批的地块，一律不得出让土地和批转开发建设。

第三，专项规划要"重实际、成系统、有衔接"。要根据城市改造和建设的实际需要，编制好交通路网、绿地系统、供水排水、供热供气等各项基础设施专项规划，为城市发展提供支撑。当前，还要把住房建设规划、城中村改造规划放在特殊重要的位置，为城市改造提供必要的保障。做好专项规划与总体规划、各专项规划之间的有机衔接，指导城市改造活动规范、有序、高效地推进。

第四，城市设计要"贯始终、重三维、塑形象"。在城市规划的各个阶段，都要把城市的整体或局部，放在"三维"空间中加以设计，做到把握景观特征，梳理空间格局，提出设计导则，引导城市形象。各市要选择重要片区、重要地段，不惜重金聘请高水平设计单位，开展城市设计，这是打造城市亮点的基础。重庆市前几年搞了渝中半岛城市形象设计，现在正在搞两江四岸城市形象设计，对长180公里、纵深1公里的区域进行设计，手笔很大，值得学习借鉴。

第五，重要建筑单体要"逐个评、严格审、出品位"。重要单体建筑是构成城市景观环境的基本要素，要作为一个重要的环节来管。实践证明，对单体建筑的审查，光靠总体规划和控制性详规的指标控制是远远不够的，必须通过详细城市设计或景观规划对空间环境和建筑群体的整体协调，包括建筑体型、体量、色彩等各个因素，才能防止出现单体的"合成谬误"。要大力推行重要单体和群体建筑设计招投标制度，在专家评审、规划审查等各环节严格把关。

为了确保规划的高质量、高水平，必须抓好五件事：一是搞好城市规划基础研究。在城市战略发展方向、资源和环境承载力、自然生态和历史文化保护、城市防灾减灾等关键问题上，都要有前瞻性的理论、基础性的数据、预见性的对策作为支撑。二是大力提倡科学、民主决策。坚持政府主导、专家领衔、公众参与，做好规划制定各个阶段的公开、公示、公布，广泛听取社会各界的意见和建议。三是要敞开城门搞规划。切实做到以思想的大解放、城门的大开放、资金的大投入，激活规划设计市场，把能人、高人、大师请进来，搞顶级规划、顶级设计，描绘不朽的画卷，铸就永恒的城市。四是加大培训力度，提高领导的规划意识。五是加大规划投入。没有一定规模的投入，城市的规划设计水平就很难保证。在规划设计上一定要舍得投入、舍得大投入。

**（二）规划要真正成为特色塑造的"妙笔"**

特色是一个城市审美价值的取向，有特色的城市是共性美与个性美的高度统一。城市特色主要由自然景观、历史文脉、空间环境和建筑造型等要素构成，而规划就是将这些要素融合、提炼、升华的技术和艺术手段。制定城市规划，一定要深刻把握一个城市的自然禀赋和文化底蕴，明确塑造城市特色和提升城市品位的建设目标。

1. 营造自然环境特色。地形地貌反映了城市固有的特色，是塑造城市特色的基础和资本。河北省地形地貌特征多样，有高原、山区、丘陵、平原、草原、海滨等，自然景观资源丰富，营造环境特色具有极大的潜力。城市规划设计要树立人与自然和谐统一的思想，立足于地域特点，追求"宛自天成"，引入"山水城市"、"生态城市"理念，尽可能保护山、水、绿地资源，因地制宜地精心构思城市形象，力求各显所长、各展风采。有的城市要"显山露水"，有的城市要"靓河丽线"，有的城市要"绿染花扮"。"显山"就是研究分析山体景观特征，制定保护性规划，明确限制或禁止建设的强制性内容，保护和提升山体整体形象。"露水"就是加强河湖水系的生态保护和治理，规划设计人与水亲近、沟通的景观节点。"靓河"就是要在满足疏浚和防洪的基础上，更加注重河道两岸的景观设计，为城市增添美的旋律和节奏。"丽线"就是要亮化、美化迎宾线、景观线等主要街道，规划设计好沿线游园、雕塑、夜景灯饰、文化长廊等景观要素，以优美的景色展现城市的风采。"绿染"就是发挥绿化的生态和景观作用，规划设计好山体、街道、居住区绿化系统，为城市美的画卷打下富于生命活力的底色。"花扮"就是运用花木的美化作用，因地制宜地规划设计花木种植和布局，为城市化妆、扮彩，增添魅力。

2. 挖掘历史文化特色。历史文化是一个城市的"根"和"魂"，是塑造城市特色的宝贵精神财富。我国江南水乡的许多城市展现出水墨画般的特色，既有山水造化的浸润，更有历史文化的滋养，是因为文人的广泛参与、引导和示范，才使得这些城市"文质彬彬、诗意盎然"。河北历史悠久，文化积淀深厚，许多城市成长于历史文化的沃土，也承载着保护、传承和发扬的重任。城市规划设计一定要植根于地域文化的土壤，延续历史文脉，提炼文化内涵，切实做到在保护中继承、在继承中发扬，彰显城市的独特个性。杭州市小河直街历史文化街区改造项目，采取整体外迁过渡、部分回迁的模式，不但保护了实体建筑物，还最大限度地保留了原住民及其承载的街巷文化，被评为2007年"中国人居环境范例奖"。成都市宽窄巷子历史文化片区保护和改造工程，将保护、修复、整治、更新、拆除、迁建等有机结合起来，体现对历史文化遗产保护、继承和发展的理念。这些值得我们借鉴。要制定相关政策法规和标准规范，把文化要素融合到城市规划设计的重要环节。按照政府主导、市场运作的原则，加快博物馆、艺术馆等文化设施建设，为传承和繁荣城市文化提供载体。搞好城市社区文化游园、雕塑、健身娱乐设施的规划建设，丰富市民的精神文化生活。

3. 塑造建筑景观特色。建筑是凝固的艺术，也应当是自然和人文要素融合的结果。要以开展城市设计为切入点，综合构思城市空间布局和建筑特色。一是加强对城市空间色彩研究。要把色彩作为城市的"第一视觉"，纳入城市规划的重要内容，依据城市历史发展、空间分布、环境特点及生活方式等，确定城市的主色调，规范城市建筑色彩使用。二是打造标志性建筑（群）。要把标志性建筑作为城市的"名片"纳入规划内容，每个城市都要规划建设一批标志性的建筑或建筑群。加强对城市主要街区和重点地段建筑立面、形态的审查把关，列入城市规划委员会议事事项，提高建筑设计档次。三是重视建筑小品规划设计。建筑小品是城市景观的细部，具有很好的点缀、装饰和美化作用。无论是雕塑、阅报栏、电话亭、果皮箱，还是标志牌、指示牌，都要恪求精细、匠心独运地搞好设计，增强城市景观的美感效果。

4. 搞好建筑"穿衣戴帽"。城市主要街道是展示城市景观环境的重要空间，其建筑品位和容貌环境反映了城市建设的总体水平。进行城市主要街道两侧既有建筑外观改造和街道景观环境整治，是全面提升城市建设品位，展现现代化城市风貌的重要手段，也是推进城镇化、实现"三年大变样"的重要内容。要准确把握"穿衣戴帽"的基本原则和要求，既要体现现代化气息，又要延续历史文脉；既要搞好整体环境设计，又要注重建筑单体等细部的刻画；既要着力完善功能，又要突出改造建设的品位。做好这项工作，规划设计部门担负着重要责任，要发挥好指导作用。进一步加大示范街、示范段和示范工程推动力度，不但要评优，还要评差，力争在提高特色水平上实现新突破。

挖掘和塑造城市特色，是新一轮城市总体规划修编的一项重要任务。要通过城市总体规划修编和总体城市设计的深化，准确把握城市的自然禀赋和历史文化底蕴，把每个城市的特色建设目标总结出来，凝练出来，引领城市建设。石家庄作为一个平原城市，要认真梳理城市空间，突出提升建筑空间环境，做好滹沱河和正定历史文化名城保护利用的大文章。承德要保护和利用丹霞地貌景观资源，从"一河"时代步入"两河"时代，按照建设"大避暑山庄"的理念，构筑城市生态"绿核"，构建山水城市的景观风貌。张家口重在巧用山坡地进行城市建设，凸显山城特色。秦皇岛要突出抓好西港东迁、黄金海岸新区建设和山海关历史文化保护，突出生态理念，做足滨海特色和长城文化。唐山要充分利用采煤塌陷区做好城市大型生态绿化，挖掘利用现代工业文明，尽显"三山一水"。廊坊要按照"融龙汇凤"、"六廊九坊"的构想，建设体现现代化高品位的生态环境。保定要保护好历史文化名城，集中建好城市新区，加快城市河湖水系的综合整治。沧州在提高城市新区建设品位的同时，重点做好运河城市这篇文章。衡水要在全面保护衡水湖的前提下，突出滨湖特色。邢台要抓住"泉城"、"牛城"的特点，依托城市景观资源，打造"两河绕三山、六水润八园"的城市景观风貌。邯郸要深入挖掘历史文化资源并在城市空间塑造上予以充分体现，全面整治河湖水系，继续发挥城市绿化的优势，凸显"赵都＋绿网"的城市特色。

**（三）规划要真正成为管理调控的"红线"**

城市规划能不能落到实处，关系到新一轮城市改造和建设的成败。要创新管理体制，加大执法力度，切实防止和纠正不履行法定程序、不规范操作等问题。一要推进依法行政。认真贯彻新修订的《中华人民共和国城乡规划法》，并严格按照《中华人民共和国行政许可法》的规定进行审批、许可等操作，健全工作制度，简化审批流程，严格按照承诺时限审批项目，严禁违法、违纪、违规审批项目。二要坚持"三个凡是"。凡是城市建设项目必须符合规划，凡是调整规划的必须严格审核，凡是不按规划建设的必须坚决查处，确保规划实施过程不走样、不落空。当前要抓紧理顺体制，明确责任，建立健全违法建设查处的长效机制，及时发现、制止、纠正和处罚违法建设行为，杜绝新的违法建设存在。三要推行阳光规划。大力倡导"人本、为民、高效、便捷"的作风，制定的规划都要通过多种媒介公之于众，一切审批、许可过程都要在阳光下操作，最大限度地减小管理部门的自由裁量权。四要加强规划监督督察。省向市派驻规划督察员，维护规划的严肃性和权威性。各市政府及有关部门要积极配合，把各项工作置于严格的依法监督之下。五要加大宣传力度。无论是规划决策过程，还是重大规划成果，都要争取在新闻媒体的重要位置、黄金时间进行宣传报道，逐步提高广大市民遵守规划、参与规划、监督规划的意识，努力形成"规划即法、执法如山"的良好社会氛围。

## 三、低碳生态宜居城市才能让生活更美好

亚里士多德说过，人们来到城市是为了生活，人们留在城市是为了更好地

生活。传统城市发展方式带来的资源、能源、环境、交通等一系列问题警示我们，如果不尽快转型，城市发展将是不可持续的。我们推进城镇面貌大变样、上水平、出品位，就是为了建设宜居、宜业、宜商、宜游的现代化城市，让人们生活、工作在低碳、节能、绿色、环保的环境里，过上美好的城市生活。

**（一）低碳生态城市已经成为城市转型的主流形态**

回顾20世纪，人类创造了无比辉煌的科学成就，经济社会取得了快速发展，也不得不面对温室效应、能源短缺、生物多样化丧失、土地荒漠化等严峻形势。城市约占地表面积的2%，占世界总人口的50%，创造全球80%以上的GDP，消耗着全球85%的资源和能源，排出80%的废物和二氧化碳，是节能减排的重点领域。20世纪以来，国际社会一直在积极探寻城市转型之路，研究如何更加智慧地运用资源和能源，促进人与自然的和谐发展，让城市成为适宜居住的人类聚居地。

1971年，联合国教科文组织在"人与生物圈"计划中提出了"生态城市"的概念。1996年，联合国第二次人居大会提出，"城市应当是适宜居住的人类居住地"。2003年，英国能源白皮书《我们能源的未来：创建低碳经济》首次提出"低碳经济"的概念，低碳城市越来越受到广泛关注。

生态城市、宜居城市、低碳城市，是针对城市发展中最急迫、最关键的问题提出的，是从不同角度、不同层次对传统城市发展模式的反思和扬弃，蕴涵着社会、经济、自然的复合内容，已经成为城市转型的基本方向和主要路径。

**（二）我国在低碳生态城市建设上的积极探索**

党的十七大明确提出了"建设生态文明"和"建设资源节约型、环境友好型社会"的要求。胡锦涛总书记明确指出，将进一步应对气候变化纳入经济和社会发展规划。温家宝总理在政府工作报告中要求，到2020年单位GDP二氧化碳排放比2005年下降40%-50%。

城市是经济的载体，城镇建设是最大的内需，城镇化的发展水平和均衡程度决定发展方式转型的成败。中国城镇建设消耗了世界45%的水泥、38%的钢材，住宅建设总量占到世界一半以上。未来20-30年，我国城镇化仍会保持较高速度，每年新增建筑面积将达16-20亿平方米，成为能源消费的主要增长点。

20世纪80年代初，我国开始探求具有中国特色的生态城市建设之路，现在已有170多个城市提出了建设生态城市的目标。许多城市还积极建设绿色城市、健康城市、园林城市、文明城市、卫生城市、山水城市、环保模范城市、可持续发展城市等，从不同侧面探索低碳生态城市的发展模式。2008年，世界自然基金会（WWF）启动中国低碳城市发展项目，上海和河北省保定入选首批试点城市。2010年1月，深圳市与住房和城乡建设部签署协议，共建国家低碳生态示范市。2010年下半年，河北省将与住房和城乡建设部签署《关于推进生态示范城市建设、促进城镇化健康发展合作备忘录》，共同推进唐山湾新城、北戴河新城、黄骅新城、正定新区等生态城建设，为全省和全国作出示范。

### （三）河北城市发展必须走低碳生态之路

河北是人均资源少、环境承载力弱的省份。全省煤炭的2/3需从外省调入，人均水资源量仅为全国平均值的1/7。能源利用率不高，2009年单位GDP能耗居全国第8位，比全国平均水平高出52%；单位GDP电耗居全国第7位，比全国平均水平高出9%。环境形势依然严峻，2009年人均二氧化硫排放量17.9kg，高出全国平均水平1.2kg；化学需氧量排放量8.1kg，虽然低于全国平均水平1.5kg，但仍处于较高的排放水平。空气质量呈现逐年好转趋势，但仍有3个设区城市尚未达到二级标准。全省七大水系污染程度总体呈下降趋势，但劣五类水质仍占41.7%。城市"热岛效应"明显，据石家庄2010年6月26日–28日多点观测温度数据分析，从市郊到市中心温度呈梯度递增分布，相差近7℃。不下决心转变城市发展方式，城市发展将难以为继。

河北正处于城镇化加速推进期。2000年以来，全省城镇化率快速递增，2009年达到43.7%，但仍低于全国平均水平2.9个百分点，面临着"补课"和"赶超"双重任务。按照目前的发展速度，预计河北省城镇化水平到2014年可达51%，追平全国平均水平，意味着大量人均能耗较低的农村人口将转为城市人口，必须着力解决好高能耗、高污染、高排放问题。

目前，低碳生态城市建设处于探索、起步和快速发展阶段。河北省城市空间结构有较大的可塑性，只要我们坚持按低碳和生态的要求建设和发展城市，就能够后来居上、跨越式发展。我们必须在快速城镇化中实现转型，以城市转型推动城市发展，努力建设低碳生态城市。

**（四）可资借鉴的建设模式**

目前，世界上低碳生态城市主要有三种建设模式：第一种是投入巨资、建设新城。英国、阿拉伯国家都在制定高投入建造生态城区的计划，阿联酋将斥资150-300亿美元建设马斯达尔零碳城。第二种是局部突破、示范带动。按照可复制、可持续、可改进的目标，选择某些技术、某个社区进行探索，边实践、边总结、边推广。如，英国贝丁顿零能耗社区，法国罗阿大区，瑞典哈默比湖生态城，国内深圳光明和坪山新区等。第三种是规划引领、循序渐进。把低碳的要求融入城市规划，综合运用生态措施，促使传统城市向可持续发展的方向演进。第一种模式代价过于昂贵，不可复制、不可推广，第二种、第三种模式相结合，是我们要借鉴推广的。

在低碳生态城市建设上，德国弗赖堡堪称典范。作为全球公认的生态城市之一，弗赖堡有许多值得研究借鉴的做法。1．制定以低碳为导向的政策法规。早在1996年就制定了节能减排的具体目标，建立降低排放的奖励基金，是整个欧盟最早采取行动的。2．编制实施低碳规划。编制自然与风景规划，明确了需严格保护的区域；编制绿色交通规划，自行车和公交车出行比例明显上升；编制能源更新规划，充分考虑节能和利用太阳能、地热能及其他可再生能源。3．支持低碳技术研究和产业化发展。扶持可再生能源研究机构，聚集了一批生产企业，形成了自我循环、自我增值、自我发展的产业集群。4．动员公众广泛参与。开展市民参与运动，与居民共同致力于降低能源消耗和推广可再生能源应用。5．实行垃圾分类减量处理。垃圾分类处理早已蔚然成风，垃圾分选非常严格，居民人均扔弃的废物量明显低于德国平均水平。6．营造绿色环境。绿化带从城郊一直延伸至市中心，居民出门100多米就可见到公园，轨道四周也是绿茵一片。

上海世博会以"城市，让生活更美好"为主题，回答了城市发展"为了谁"和"如何实现宜居"等问题。特别是在低碳和生态方面的探索和实践，为河北省城镇建设上水平树立了标杆、提供了借鉴。如，人工建造的湿地系统，屋顶、墙体、室内立体绿化，太阳能、风能、潮汐能应用，雨水收集及废水、废物的循环利用，LED照明大规模集中使用等。城市最佳实践区，把零排放、零碳馆、碳计算、碳补偿变成了切切实实的行动，如伦敦零碳馆、汉堡被动屋、沪上·生态家等。

### （五）低碳生态城市指标体系

低碳生态城市指标体系是指导城市规划建设的重要基础。联合国就低碳生态城市提出了六项评价标准：一是有战略规划和生态学理论指导；二是工业产品是绿色产品，提倡封闭式循环工艺系统；三是走有机农业的道路；四是居住区标准以提高人的寿命为原则；五是文化历史古迹要保护好；六是自然资源不能破坏，把自然引入城市。

20世纪80-90年代，欧美各国开发出较好的可持续发展指标体系。如美国克利夫兰的生态城市议程中包含了空气质量、气候变迁、多元化、能源、绿色建筑、绿色空间、公共建设、小区特色、居民健康、运输选择等刚性目标要求。加拿大温哥华的生态城市建设指标体系，包括固体废弃物、交通运输、能源、空气排放、土壤与水、绿色空间、建筑等诸多方面。

近年来，我国一些城市进行了生态城市指标体系研究。如，中新天津生态城指标体系，由22项控制性指标（定量）和4项引导性指标（定性）构成。曹妃甸生态指标体系由曹妃甸管委会与瑞典善科（SWECO）公司制定，包括城市功能、建筑与建筑业、交通和运输、能源、废物、水、景观和公共空间7个子系统、141项指标，基本涵盖了生态城市建设的各方面，指标具体明确，操作性和指导性很强。

### 河北省设区城市建设低碳生态城市评价指标体系

| 指数类型 | 指标 | 目前综合标准 | 2020年标准 |
|---|---|---|---|
| 资源节约水平指数 | 雨水利用率（%） | >10 | >30 |
| | 中水回用率（%） | >20 | >50 |
| | 日人均生活水耗（L） | <150 | <120 |
| | 工业用水重复利用率（%） | >80 | >95 |
| | 单位GDP能耗（t标煤·万元$^{-1}$） | <0.8 | <0.4 |
| | 工业固体废物综合利用率（%） | >90 | >95 |
| | 绿色出行所占比例（%） | >70 | >90 |
| | 绿色建筑比重（%） | >10 | >30 |
| 环境友好指数（排放指数） | 年人均二氧化碳排放量（t） | <1.8 | <1.6 |
| | 清洁能源占总能源的比例（%） | >5 | >20 |
| | 城市生活污水处理率（%） | >70 | 100 |
| | 城市生活垃圾无害化处理率（%） | >90 | 100 |
| | 工业废水排放达标率（%） | >95 | 100 |
| | 单位GDP固体废物排放量（kg·万元$^{-1}$） | <0.3 | <0.1 |
| | 公众对环境的满意率（%） | >90 | >95 |
| | 城市噪声达标区覆盖率（%） | >75 | >90 |
| 产业健康指数 | 第三产业占GDP比重（%） | >50 | >70 |
| | 高新技术行业占工业产值比重（%） | >40 | >60 |
| | R&D经费占GDP比重（%） | >3 | >5 |
| | 通过ISO14000论证企业比例（%） | >95 | 100 |

| 生活水平指数 | 人口预期寿命（岁） | >75 | >80 |
|---|---|---|---|
| | 人均工资（元/年） | >30000 | >50000 |
| | 绿容率 | >1.5 | >1.8 |
| | 人口平均受教育年限（年） | >10 | >14 |
| | 通勤时间小于1小时的比例（%） | >85 | >95 |
| | 公众社会服务满意率（%） | >90 | >95 |
| 社会和谐指数 | 城市人口失业率（%） | <5 | <2 |
| | 基尼系数 | 0.3-0.4 | 0.25-0.35 |
| | 刑事案件发生率（‰） | <5 | <3 |
| | 社会保险综合参保率（%） | >85 | 100 |
| | 廉租房和经济适用房比例（%） | >15 | >30 |
| | 无障碍设施率（%） | 90 | 100 |
| | 失业、低收入群体救济率（%） | >90 | 100 |
| | 农民人均纯收入比城镇人均可支配收入 | >0.4 | >0.6 |
| 生态文化指数 | 生态环境保护宣传教育普及率（%） | >80 | 100 |
| | 参与社区自愿运动的居民人数（%） | >60 | >80 |
| | 环保投资占GDP比重（%） | >2 | >3 |

## （六）适宜推广的应用技术

近年来，低碳生态城市的应用技术有了全面发展，涉及规划、设计、建设和管理的全过程，可分为产业、规划、交通、建筑、环境、能源资源利用、污染控制7个方面、31个子类别。

### 低碳生态城市应用技术领域

| 分类 | 子类别 | 技术领域 |
|---|---|---|
| 产业 | 产业结构 | 提高现代服务业、高新技术产业比重，降低重化工业比重，淘汰落后产能等 |
| | 绿色经济 | 节能减排、智能电网、新能源产业化等 |
| | 清洁生产 | 使用清洁能源和原料；改进产品设计、工艺技术与设备；改善管理、减少或避免生产、服务和产品使用过程中污染物的产生和排放等 |

| 规划 | 城市远景 | 生态诊断等 |
|---|---|---|
| | 发展政策和规划战略 | 能源供应系统集成、可再生能源与清洁发电；产业结构调整、清洁产业和低碳生产；城市生态基础设施建设等 |
| | 法定土地利用总体规划和发展控制 | 土地混合使用与紧凑发展、地下空间综合开发、TOD开发模式、立体混合社区、城市"微系统"开发模式；低碳生态城市指标体系构建、环境状态模拟、数字城市技术；生态环境承载力评价、环境容量分析、城市宜人度分析、生态安全格局分析和生态安全风险评估等 |
| | 城市设计 | 评价标准、设计导则等 |
| 交通 | 交通方式 | TOD开发技术；公交网络构建、BRT等工程建设，慢行道网络与立体步行系统建设；无线；城市绿色道路建设、停车场绿化；新型立体停车等 |
| | 交通工具 | 新能源、环保交通工具，充电站等相关配套设施建设 |
| | 交通管理 | 公共交通智能控制技术等 |
| 建筑 | 节地 | 原生地保护，地下空间开发，场地环境优化（水环境、声环境、风环境、热地热岛将效应），立体绿化 |
| | 节能 | 建筑体形、朝向、遮阳系统及围护结构优化；用能调控和计量、高效供能用能系统、可再生能源与建筑一体化；LED照明等 |
| | 节水 | 水系统规划、节水器具、中水回用、雨水利用等 |
| | 节材 | 新型结构与高强轻质材料，减量化、可循环、再利用材料，土建装修一体化，本地材料等 |
| | 室内环境 | 隔声降噪、室内温湿度需求控制、室内空气品质控制等 |
| | 运营管理 | 能源资源监测系统、垃圾分类管理、使用行为导则等 |
| 环境 | 生态 | 生态控制线规划；生态敏感地区生态修复、湿地保育与补偿；废弃地、污染地改良；水土流失控制等 |
| | 绿化 | 绿地系统规划、平面绿化和立体绿化、道路封闭式绿化、屋顶与墙面绿化等 |
| | 水生态景观 | 生态景观水体构建，河流、湖泊水体水岸生态化改造等 |

| | | |
|---|---|---|
| 资源能源利用 | 供应端能源结构优化 | 低碳清洁能源、可再生能源、工业废热余热利用等 |
| | 用户端用能管理 | 用户端用能设备及系统工程 |
| | 传统能源清洁化 | 煤的清洁燃烧，系统节能与优化等 |
| | 雨洪综合利用 | 低冲击开发模式、雨污分流、雨洪资源利用等 |
| | 再生水 | 可再生水厂及配套管网建设，人工湿地与膜技术进行水处理等 |
| | 节水工程 | 用水管理和评估制度、节水型企业等 |
| 污染控制 | 废弃物 | 垃圾破碎、分选、生物预处理；垃圾收集与运输改良技术；卫生堆肥、卫生填埋、卫生焚烧、发电和资源回收等 |
| | 水污染 | 集中中水处理设施，中水回用，水系生态化改造等 |
| | 噪声 | 降噪道路与设备，噪声隔离等 |
| | 大气污染 | 合理安排工业布局，汽车废气治理，改进燃煤技术，污染源管理，施工扬尘控制等 |
| | 光污染 | 照明控制，玻璃幕墙光污染综合防治等 |
| | 监控 | 污染减排统计，在线监控等 |

必须看到，低碳生态技术并不都是难以掌握、难以实施的技术，许多技术是低成本且高效能的。我们宁可多投入一点、多花费一些力气，也要积极推广应用。

1. 产业方面

省委、省政府《关于加快构建现代产业体系的指导意见》，明确提出要毫不放松地抓好节能减排。要坚持循环经济、低碳经济理念，加大传统产业改造升级力度，淘汰落后产能，加快发展高新技术产业和现代服务业，调整优化产业结构；要推广全流程可循环工艺、智能电网、资源综合利用以及节能减排技术，推进新能源产业化发展，发展绿色经济和清洁生产。

保定结合"中国电谷"建设，促进光伏产业发展，被科技部认定为"国家太阳能综合应用科技示范城市"。邢台着力打造国家光伏高新技术产业化基地，宁晋晶龙集团已成为全球最大的太阳能单晶硅生产企业。

2. 规划方面

在城市规划上，我们已经初步解决了"有没有"的问题。引领城市建设上水平，必须解决规划"全不全"、"好不好"、"优不优"的问题，这就需要把低碳和生态技术运用到规划设计的每个环节。要积极运用生态诊断、土地混合使用与紧凑发展、TOD开发模式、城市"微系统"开发、地下空间综合开发等新理念和新技术，完善城市发展政策和规划战略；要通过构建低碳生态城市指标体系、环境状态模拟、数字城市技术以及生态环境承载力评价、环境容量分析、城市宜人度分析、生态安全格局分析等技术，增强规划的针对性和科学性；要不断完善评价标准、设计导则，对城市设计进行论证和审查，提高城市发展的水平和品位。

交通导向的开发模式（TOD），是以公交使用最大化为目的，对一个居民区或商业区进行规划的开发模式，是一项有效降低交通碳排放的技术。其设计原则为：从区域层面组织有公交支持的开发；将住宅、商业和办公楼、公园等设在步行可达的公交站点附近；建造适宜步行的街道网络，将各建筑连接起来等。

上海世博园组织开展以能耗模拟、日照模拟、自然风场模拟、噪声模拟为主要内容的环境状态模拟，对空间规划布局进行优化，降低环境污染，提高舒适度，效果非常好。

3. 交通方面

绿色交通技术主要集中在交通方式、交通工具、交通管理三个方面。在交通方式上，主要有公交网络构建、快速公交系统（BRT）、慢行道网络与立体步行系统建设、无线城市、道路及停车场绿化、新型立体停车等。在交通工具上，主要有新能源和环保交通工具、充电站等。在交通管理上，主要是运用智能控制进行管理。绿色交通技术中最简单的解决方案，就是恢复自行车道和构建步行系统。

目前，北京、杭州等许多城市都建成了快速公交系统（BRT），河北省石家庄也正在编制BRT规划。这是介于快速轨道交通与常规公交之间的新型公共客运系统，是一种大运量交通方式。主要特征是有专用路权，低排放车辆，设施齐备的车站，面向乘客需求的线路组织，智能化的运营管理等。

无线城市，是使用高速宽带无线通讯技术，将人们在工作、家庭、游憩、交通等各种场所无缝连接起来，既方便联系又减少出行，从而降低交通碳排放。目前韩国正在加紧建设城市无线高速网，我国厦门等许多城市也在积极探索。

4．建筑方面

建筑是低碳生态城市建设的重点，主要通过节地、节能、节水、节材以及室内环境、运营管理控制来完成。节地方面，主要有原生地保护、地下空间开发、场地环境优化、立体绿化等；节能方面，主要有建筑围护结构优化、用能调控与计量、高效供能系统、可再生能源与建筑一体化、LED照明等；节水方面，主要有水系统规划、节水器具、中水回用、雨水利用等；节材方面，主要有新型结构与高强轻质材料、减量化可循环再利用材料、土建装修一体化等；室内环境控制方面，主要有隔声降噪、室内温湿度和空气品质控制等；运营管理方面，主要有能源资源监测系统、垃圾分类管理、使用行为导则等。

住房和城乡建设部2007年发布了《建设事业"十一五"推广应用和限制禁止使用技术公告》，包括建筑外墙围护保温隔热技术、供热采暖与空调制冷节能技术、可再生能源与新能源应用技术、城市与建筑绿色照明节能技术等，各地都要积极推广。

迁安马兰社区，将地源热泵、太阳能照明、中水回收、雨水收集以及建筑节能材料等进行了集中运用；高碑店奥润顺达公司木索系统节能窗，采用非金属材料和断面改造、增加隔热空腔、填充绝缘材料等方法，极大地提高了保温、隔声及水密、气密性能，居世界领先水平；唐山和辛集、宁晋积极推进太阳能建筑一体化应用、地源热泵等技术，被列为国家第一批可再生能源建筑应用示范城市和示范县。

需要指出的是，许多技术利用低品质能源进行基础性调温降耗，像通风、外遮阳、利用自然光等技术并不高深，关键是要有节能意识。如，玉树节能建筑设计中，将被动式太阳房与炊事余热再利用集中使用，就是简单实用可大面积推广的技术。

5. 生态环境方面

生态环境方面的应用技术，主要包括生态控制、绿化和水生态景观等方面。生态控制方面，主要有生态控制线规划、生态敏感地区生态修复、湿地保育与补偿、废弃地和污染地改良、水土流失控制等；绿化方面，主要有绿地系统规划、平面绿化和立体绿化、道路封闭式绿化、屋顶与墙面绿化等；水生态景观方面，主要有生态水体景观构建、河流及湖泊水体水岸生态化改造等。

在生态环境建设中，一定要处理好新建和保护的关系，不但要大幅度增加绿量和水面，而且要保护好既有森林、湿地、水体等，修复自然环境。秦皇岛汤河公园"红飘带"生态景观整治，既为市民增添了假日休闲的好去处，又对原生态进行了最好保护，被评为"世界建筑新七大奇迹"之一。

6. 资源能源利用方面

资源能源利用主要通过供应端能源结构优化、用户端用能管理、传统能源清洁化、雨洪综合利用、再生水、节水工程来完成。可推广应用的技术有低碳能源和可再生能源利用、工业废热余热利用、用户端用能设备及工程、低冲击开发模式、雨污分流和雨水利用、可再生水厂、人工湿地与膜技术、用水管理和评估、节水型企业建设等。

低冲击开发模式，是一种以生态系统为基础，从径流源头开始的城市雨洪管理方法，主要策略是城市建设不影响原有自然环境的地表径流量，包括城市建成区至少有50%面积可渗水、建设雨水收集储存系统等。

膜技术，是一种采用物理或生物方式进行污水处理和水净化的技术。主要是利用有选择渗透性的薄膜，阻隔水中有害物质，或利用微生物吸收分解有机物，从而达到净化水的目的。

7. 污染控制方面

污染控制，是针对废弃物、污水、噪声、大气、光等污染源采取的技术措施。垃圾处理方面，主要有垃圾破碎、分选、生物预处理，垃圾收集与运输改良技术，卫生堆肥、卫生填埋、卫生焚烧、发电和资源回收等。河北省目前多采用卫生填埋，二次污染问题难以根本解决，有条件的地方要积极采用焚烧、发电和资源回收等技术。水污染处理方面，主要是采用污水处理厂进行处理，并积极推广中水回用、水系生态化改造等技术。噪声污染处理方面，可采用降噪道路与设备、噪声隔离等办法。大气污染处理方面，重点是控制工业、燃煤、汽车废气、扬尘等污染源。光污染处理方面，主要是照明控制与玻璃幕墙光污染综合防治技术。同时，要积极采用污染减排统计、在线监控等，加强污染监控。

**（七）把低碳和生态理念转化为我们的实际行动**

要把低碳和生态的理念真正融入到具体工作中，从现在抓起、县城抓起、从推广适用技术抓起，一个项目一个项目地实施，一个建筑一个建筑地应用，一个小区一个小区地推进，一个城市一个城市地建设。

1. 规划设计要落实低碳生态要求。规划决定城市未来。在连续三年的"城乡规划年"活动中，全省各市、县基本完成了总体规划的编制审批工作，但仍有2/3的县（市）没有完成县域镇（村）体系规划编制。一方面，要以低碳和生态理念重新审视每项规划、每项设计，将生态区划、循环经济等引入城市规划，进行大力度深化和提升。另一方面，在编制县域镇（村）体系规划以及交通、基础设施等专项规划时，要充分考虑低碳生态的要求，优化空间布局，合理安排基础设施，明确生态保护区域并严格控制，不触碰生态保护这条"底线"。大多数县（市）都应组织力量，编制低碳生态城市发展规划。

2. 建筑工程要落实低碳生态要求。要严格执行国家和省相关设计和技术规范，以积极的态度推进建筑节能工作。一是严格执行新建建筑节能标准。切实加强新建建筑节能的全过程管理，确保达到公共建筑50%和居住建筑65%的节能标准。二是积极开展既有建筑供热计量及节能改造。目前河北省既有建筑供热计量及节能改造2079万平方米，但县（市）仅占15%。要认真研究切实可行的办法，加快实施、积极推进。三是加强政府机关办公建筑和大型公建节能管理。研究建立公共建筑用能限额管理制度，加强能耗统计、能源审计和能效公示，降低能耗。四是大力推广绿色建筑。认真谋划、积极申列国家可再生能源建筑应用示范县，主动参与全省"十佳节能示范小区"及创建绿色建筑示范小区活动。每个县城都应建一个绿色建筑、生态街区、低碳小区示范项目，起到示范和引导作用。五是严格禁止使用实心黏土砖。要将禁止使用实心黏土砖纳入建设监管程序严格管理，积极采用页岩砖、混凝土砖、粉煤灰砖以及空心砖等替代产品。

### 全国和河北省建筑节能相关规范标准目录

| 序号 | 类别 | 标准名称 | 编号 |
|---|---|---|---|
| 1 | | 外墙外保温工程技术规程 | JGJ144-2004 |
| 2 | | 公共建筑节能设计标准 | GB50189-2005 |
| 3 | | 地源热泵系统工程技术规范 | GB50366-2005 |
| 4 | | 民用建筑太阳能热水系统应用技术规范 | GB50364-2005 |
| 5 | 国家或行业标准 | 建筑节能工程施工质量验收规范 | GB50411-2007 |
| 6 | | 公共建筑节能改造技术规范 | JGJ176-2009 |
| 7 | | 公共建筑节能检测标准 | JGJ/T177-2009 |
| 8 | | 居住建筑节能检测标准 | JGJ/T132-2009 |
| 9 | | 太阳能供热采暖工程技术规范 | GB50495-2009 |
| 10 | | 供热计量技术规程 | JGJ173-2009 |
| 11 | | 民用建筑太阳能光伏系统应用技术规范 | JGJ203-2010 |
| 12 | | 严寒和寒冷地区居住建筑节能设计标准 | JGJ26-2010 |

| 1 | CL结构设计规程 | DB13（J）43–2006 |
|---|---|---|
| 2 | 居住建筑节能设计标准（65%） | DB13（J）63–2007 |
| 3 | 既有居住建筑节能改造技术标准 | DB13（J）/74–2008 |
| 4 | 民用建筑太阳能热水系统一体化技术规程 | DB13（J）77–2009 |
| 5 | 公共建筑节能设计标准 | DB13（J）81–2009 |
| 6 | 居住建筑节能检测技术标准 | DB13（J）/T106–2010 |
| 7 | 热泵系统工程技术标准 | DB13（J）/T107–2010 |
| 8 | 民用建筑太阳能热水系统安装（图集） | DBJT02–48–2006 |
| 9 | 居住建筑节能构造（图集） | DBJT02–53–2008 |
| 10 | 公共建筑节能构造（图集） | DBJT02–61–2009 |
| 11 | 钢塑共济节能保温门窗 | DBJT02–63–2010 |
| 12 | 既有公共建筑节能改造技术规范 | 正在制定 |
| 13 | 绿色建筑标准 | 正在启动 |
| 14 | 集中采暖分户计量技术过程 | 正在启动 |
| 15 | ICF外墙外保温建筑节能体系技术规程 | 正在启动 |
| 16 | EPS模块外保温工程技术规程 | 正在启动 |
| 17 | 自控相变储能节能材料外墙外保温系统 | 正在启动 |

（表格第2至11行中间列标注"河北省工程建设标准"）

3. 市政设施要落实低碳生态要求。在基础设施建设上，必须始终坚持低碳生态理念，否则就会留下遗憾。一是构建绿色交通体系。优化县城路网结构，大力发展公共交通和新能源汽车，充分考虑步行、自行车等慢行交通需求，引导人们绿色出行。二是加强污水垃圾设施建设管理。加大污水垃圾处理设施运行监管力度，对达不到要求的设施要及时进行升级改造，同时加强配套管网建设，完善收费制度，提高运行管理效能，确保真正发挥作用。三是推行集中供热。河北省县城集中供热发展较慢，供热面积不足全省的20%。具备条件的县城要推进热电联产项目建设，鼓励相邻县城共同建设热源厂，有地热资源的县要优先考虑利用地热进行集中供热，其他县城要推进大型区域锅炉房建设。四是推进天然气等清洁能源利用。优先发展天然气，靠近天然气管线的县城要加快发展管道天然气，其他县城要大力发展压缩天然气，同时加大液化石油气的供应力度。煤气资源丰富的县城，可考虑利用煤气供气。

4. 景观环境要落实低碳生态要求。严格实行绿线制度，大幅度增加绿量，构建园林化、林荫化、网络化的绿化格局。大力度搞好河湖水系整治，打造靓丽宜人的水景观。唐山南湖生态公园改造，提高了植被覆盖率，增加了水面，使该市平均气温比2002年降低了0.14℃，大于等于35℃高温天数减少了3天。魏县以建设"平原水乡"为目标，整治河渠53公里，河湖水面达9000多亩；建设了10大综合性公园和10处街心游园，新增绿化面积68万平方米，建成区绿化覆盖率达42%，城市环境发生了质的变化。

5. 生活方式要落实低碳生态要求。建设低碳生态城市，最根本的是广大市民要有绿色生活方式。主要体现在：科学合理使用空调、电视等家用电器，减少生活用电；采用可控制的采暖设备，利用住宅通风、保温等办法，调节室内气温；在日常炊事中使用天然气等清洁能源，减少碳排放；尽量选择自行车、步行以及公交车出行，少开私家车、少乘出租车等。保定印制《低碳城市家庭行为手册》，鼓励市民乘坐公共交通工具或以步代车，合理使用电器等，值得各地学习借鉴。

6. 政策制度要落实低碳生态的要求。作为城市建设的领导者，要以低碳和生态为导向，及时研究制定相关的政策措施。建立健全低碳生态城市建设指标体系，完善监测和评价标准。采取财政贴息、税费减免等措施，鼓励企业建低碳建筑，鼓励人们买低碳建筑，鼓励各种市场主体主动节能减排。调整优化产业结构，设置产业准入门槛，坚决杜绝高能耗、高污染、高排放企业入驻。加强与先进地区技术交流和与科研单位的合作，积极引进先进的低碳生态技术和模式。

## 四、用有形文化塑造城市特色、提升城市品位

党的十七届五中全会指出，文化是一个民族的精神和灵魂，是国家发展和民族振兴的强大力量。具体到城市更是如此，经济创造城市，生态支撑城市，文化是城市延续的纽带和灵魂。城市的个性、特点和魅力，都来源于独特的文化。

### （一）城市有形文化对提升城市建设品位的重要作用

城市文化是城市发展中创造的物质和精神财富的总和，是城市公共生存状况、行为方式、精神特征和城市风貌的总体形态。城市有形文化包括城市布局、建筑、道路及广场、绿地等公共艺术空间，是凝结为物的、可触可视的文化，是城市文化外在的物质载体，是城市中有体有形、有声有韵的符号。

1. 塑造城市风貌。城市形象反映城市的总体特征和风格，是城市内在历史底蕴和外在文化特征的综合体现。一个城市形象如何，取决于城市经济发展水平和城市文化。城市任何时代取得的重大成就，无不在城市文化中有所体现。加强城市有形文化建设，把城市的精神、气质和文化积淀，反映在城市规划布局、建筑式样、公共空间和色彩基调中，才能形成城市独特的底蕴和气质，构建起轮廓清晰、结构完整、布局合理、神采独具的城市风貌。

2. 打造城市特色。文化是城市最好的名片。人们往往因为一个街区、一幢建筑、一组雕塑，深深记住这座城市。环顾世界，巴黎、威尼斯等著名城市，都有独特的文化符号；哥本哈根美人鱼、布鲁塞尔小于连等知名雕塑，都成为城市的象征。城市有形文化建设，能够展示城市审美风格，体现人文精神，凝聚历史记忆，形成区别于其他城市、得到大众认可的个性特征，增强城市历史的长度、积累的厚度、包容的广度、辐射的宽度和影响的深度。

3. 增强城市实力。文化"软实力"和经济"硬实力"，共同决定城市未来竞争力。城市有形文化潜移默化地影响市民的意识和行为，形成凝聚力和向心力；城市有形文化产生强大的亲和力、吸引力和影响力，形成良好的投资环境和经济秩序，聚集人气、聚集要素、聚集财富；有的城市有形文化本身就是旅游业、服务业和文化产业，是城市经济发展的重要驱动力。

4. 提升城市品质。一流文化造就一流城市。城市有形文化是城市精神、城

市气质最直观的表达，极富传统特色、历史风貌和时代特征的城市景观，能展现一座城市的建设品质、环境品质、人文品质，提升城市建设水平和档次。城市文化体育设施作为有形文化的重要内容，能促进科技、文化的创新和传播，构筑完善的公共文化服务网络，让市民过上丰富而有品位的城市生活。

城市的风貌、特色、实力、品质凝结到一起，就是城市的品牌。从这个意义上讲，建设城市有形文化就是打造城市的品牌，就是增强城市的竞争力，就是扩大城市的美誉度。

**（二）城市有形文化建设的基本要求**

随着河北城镇化进程持续加快，城镇建设正以空前的规模展开。如果不重视城市有形文化建设，就可能造成特色丧失、文化衰退、记忆模糊、千城一面，就不能真正上水平、出品位。一些地方城市建设的误区和败笔，需要引起重视：一是割裂历史，不惜牺牲历史文化遗产推动旧城改造，抹灭了历史记忆；二是疯狂克隆，一样的模式、一样的风格，让城市特色荡然无存；三是攀高求洋，盲目引进国外建筑风格，求高、求大、求气派，建造毫无文化底蕴的标志性建筑；四是假古董盛行，热衷于低俗人文景观的建设，仿古建筑大兴土木；五是窒息环境，忽视生态和绿化建设，建造"混凝土森林"。这些问题必须切实加以防范。要牢固树立文化立城、文化建城、文化兴城的理念，强化城市有形文化建设，正确处理好四个关系：

1. 传承与创新的关系。历史文化遗产是我们世代相传的宝贵财富。在城市更新改造过程中，要特别注意保护历史文化遗产，有计划地进行恢复再现、嫁接浓缩、提炼升华，使地域文化更加符合时代特征。积极吸收世界多元文化优秀成分，挖掘、提炼大气、厚重、包容、开放的时代精神，让城市的昨天与今天、古典与现代相交融、相辉映。许多城市在历史与现代的结合上做出了示范，比如巴黎，既有以卢浮宫、艾菲尔铁塔为代表的古建筑群，又有以蓬皮杜国际艺术中心、德方斯区为代表的现代建筑群，展现出独特的城市风貌。

2. 人文与自然的关系。城市的发展是以健康和富有生机的自然环境为前提的，自然环境是孕育城市文化的摇篮。自然生态靠"文化链"维系，人文景观靠"生态脉"传承，缺少任何一个，城市有形文化就是不完整和不健康的。

要收集整理民风民俗、风土人情、成语典故、民间故事等民间文化，进行再发掘、再认识、再创造，通过雕塑、小品等公共艺术品展现在城市建设中。要尊重自然、保护生态，让生态功能与人文信息在城市建设中得以充分表达，建设高品质的人文生态之城。

3. 有形与无形的关系。文化留存于城市空间的每个角落，融会于城市生活的全部过程和每个细节。人创造了有形城市，城市又以无形的方式陶冶人、塑造人。一个城市只有形神兼备、浑然一体，才能保持永不衰竭的魅力。这就需要我们通过"有形设计"，体现"无形精神"，把城市精神融入到城市规划建设中，把城市文化用物质形态表现出来，创造独有的品格和气质。

4. 整体与局部的关系。相对于标志性建筑，城市整体风貌更重要。任何建筑、雕塑、小品都不是孤立的，要用科学的规划设计，对有形文化载体进行统一安排，使整座城市从宏观到微观、从整体到局部，形成统一完备的有形文化体系。承德找准"山庄文化"定位，在城市空间布局上实施"中疏"战略，同时对"外八庙"片区进行综合整治，就是这方面的探索。

**（三）整体推进城市有形文化建设**

1. 空间布局。要根据城市自然地理和文化特征，对城市有形文化进行科学规划、合理布局。从城市中心区到次中心区再到城乡结合部，从城市道路、河湖到城市节点、出入口，从标志性街区、标志性建筑到各种文化设施，都要根据城市品位的总体定位，开展点、线、面相结合的有形文化设计，使城市规划布局体现地域文化特征。要加强城市色彩研究，经征求专家和市民意见后，确定城市主色调，指导城市规划建设，如巴黎米黄色，雅典柔和白色，罗马橙黄与橙红，北京复合灰，重庆灰色，广州中明度、中纯度色调等。

2. 城市景观。城市景观是由建筑、道路、绿地、水体等景观要素构成的综合体。一座现代化的城市，需要景观环境为核心的凝聚力。要针对不同功能区域，在统一的文化定位下，开展高水平的城市设计，构建人造景观和自然景观和谐统一的城市景观。世博园对各种景观要素进行统一规划设计建设，形成了让人过目难忘的独特景观。

建筑。城市建筑能让人最直接地感知城市文化。"狮城之国"新加坡融会了英式优雅、日式含蓄、中式端庄，形成了传统与现代、民族与世界相交融的独特风格。每个城市都要对建筑形体、布局、体量、色彩、式样等进行精心设计，体现文化风格、文化魅力和时代特色。对大型公共建筑、城市节点和重要地段，要精选设计方案，逐一进行审查，打造能展示城市精华、塑造城市形象的精品。

道路。城市道路是组织城市各部分的骨架，也是城市景观的窗口。在道路景观设计和建设中，要按照功能与景观统一的原则，在保证道路通畅通达的同时，妥善处理好道路与建筑物、城市色彩、历史文化的关系，搞好城市道路以及桥梁、绿地和附属设施建设，营造宜人的空间尺度。要搞好城市道路的细节刻画，体现人性化、人文化关怀。

绿地。强化绿色生态理念，加强城市生态园、中央绿地、道路绿化、街旁游园绿地和河道景观绿化美化建设，创造人与自然和谐相处的景观环境。按照精心打造城市、精心美化城市的要求，充分吸收和运用我国古代园林设计元素，把城市绿地建成生态氧吧、人文环境和文化精品。

水体。有水才有灵气。在城市景观建设中，要十分注重水体景观塑造，并与周边环境形成一体化的景观节点，做到美学与生态兼顾，使自然与人类生活环境相结合，打造亲水、近水的城市环境。

3. 公共艺术品。标志性建筑展现城市风采，而公共艺术品则体现城市的内涵和品位。要对城市内部环境进行人文的、艺术的精心安排，通过雕塑、喷泉、路灯、地名标志、灯箱、广告，以及街头和公园小品的装点，使街区、社区、广场、绿地等公共空间富有人文气息。加强城市雕塑规划和设计，在主要路口、广场、居民区、商业街规划建设一批雕塑。雕塑建设要强调艺术性，要"作品"不要"产品"，处理好形式与内容、环境等方面的关系，坚决抵制材质低劣、制作粗糙、创意修改、模仿照搬的城市雕塑。

4. 文化体育设施。文化体育设施是城市有形文化建设的重要内容。要加强博物馆、图书馆、美术馆、科技馆、纪念馆、体育场馆等基础设施建设，发挥好传承文化、传播知识、传递信息、传送艺术等作用。对重要文化体育设施进行统一规划布局，对周边环境进行一体化设计，打造文化氛围浓厚的精品文化片区。加强社区文化中心、教育培训中心、健身中心、图书网点等基层文化体育设施建设，保证广大市民文体活动需要。秦皇岛建设文化广场、图书大厦、博物馆、奥林匹克中心等文化体育设施，为传承城市文化发挥了重要作用。

5. 历史文化遗产。坚持保护优先，切实加大重点文物保护单位和历史标志性建筑的保护力度，保留历史文化街区，划定建设控制地带或禁建区域，保持原有风貌和地域特色。组织进行文化资源和民间艺术的挖掘、整理、研究、继承工作，搞好现代文化遗产特别是工业遗产的普查、评估和利用。妥善保护老地名、老街道名、老建筑名，防止和杜绝乱改名现象。保定按照"明清风貌、灰墙黛瓦、书院衙署、柳槐荷花"的特色，开展淮军公所等古建筑修复，历史建筑群落得到有效保护。加强城市古树名木保护，进行调查登记、鉴定分级、建立档案、设立标志，落实管护责任，制定严格的保护措施。柳州出台《古树名木保护办法》，古榕、古樟、红豆杉等古树名木成为历史古城、文化名城的独特风景。

**（四）强化城市有形文化建设的政策措施**

从制度设计、政策法规、人才支撑和城市规划建设各个方面，加强城市有形文化建设。

1. 开展城市有形文化研究和实践。河北省许多地方都有着很深的历史文化积淀。每个城市都要深入挖掘自然和人文特征，科学确定城市文化定位，整理出符合当地地域特色、历史传统和时代要求的主题文化，落实到城市规划建设中。

2. 加强规划编制、审批和控制。要把主题文化反映在有形的物态载体上，用规划编制、审批和控制来落实。一是规划修编中要突出文化元素。城市总体规划修编要依托当地文化特色，优化空间布局和功能分区。科学编制城市有形文化建设规划，历史文化名城要编制保护规划，有计划、有步骤地推进城市有形文化建设。石家庄编制了城市文化设施规划，结合功能布局，着力构建"三心一带一区多点"文化服务网络。二是严格规划审查。城乡规划委员会要邀请建筑学家、历史学家、艺术家、文化学者，成立专门的专家组，城市总规、控详规和修建性详规以及重要建筑的外形设计、体量、周边环境，都要征求专家组的意见。三是建立健全市民参与机制。重要建设项目要公开征求市民意见，让市民参与到城市文化建设中来。四是严格规划控制。严把验收关口，重要建筑、重要景观项目不符合规划设计要求，不能体现文化特色的，不能审批。加大规划执法力度，对违章建筑、不符合规划的建筑、破坏和影响城市风貌的建筑，责令恢复原状，严格追究项目审批人的责任。

3. 完善城市有形文化建设的政策和技术规范。研究制定推进城市有形文化建设的政策措施，从资金投入、优惠政策等方面加大扶持力度。建立公共文化设施财政投入机制，列入基本建设投资计划和财政预算。实行公共艺术百分比政策，城市建设项目都要拿出1%的比例，用于公共艺术设施建设。要在城市空间布局、建筑风格、雕塑建设、社区文化建设、历史古迹和文物保护等方面，制定技术标准和建设规范，从总体规划、建筑设计到施工、验收，形成一套完整的制度体系。

4. 谋划实施一批有形文化建设项目。围绕城市文化定位，集中力量规划建设一批标志性街区、标志性建筑、标志性社区以及雕塑、公园、小品等，形成新的文化风景线。加大博物馆、图书馆等文化体育设施建设力度，满足人民群众文化需求。继续开展城市景观环境综合整治，每栋建筑、每条道路、每座桥梁、每个公园、每块绿地，都要按照体现文化特色的要求，进行精心策划、精心设计、精心施工。加强城市主题公园建设，利用3至5年时间使之成规模、成气候。

5. 坚持政府主导、市场运作。各级政府要树立责任意识，发挥主导作用，认真谋划和推进城市有形文化建设。在城市有形文化项目的谋划实施上要有远见、舍得投入，成规模、成片区地进行城市形象塑造。引进市场机制，鼓励引导企业在房地产开发项目中体现文化特色，建设文化体育设施。培育壮大一批致力于城市有形文化建设的企业，面向国内外引进具有较强实力和文化内涵的战略投资者，推进城市有形文化建设。

6. 加强人才培养与引进。没有一流人才就建不成一流城市，城市有形文化建设人才至关重要。要组织城市规划建设管理人员和专业技术人员，开展城市有形文化专题培训，提高文化素养和管理水平。千方百计引进既有规划设计经验，又有深厚文化功底的高端人才，引进高水平的规划设计团队，用先进的理念、创意、规划、设计，提升城市整体建设品位。组织规划设计、建设管理、文化艺术等各方面的人才，共同搞好城市规划设计和建设，凝聚城市有形文化建设的合力。

### 五、关于城市建设投融资的基本思考

就河北来说，现阶段拉动经济增长的动力主要靠投资和消费。如何筹融资，钱从哪里来？是摆在我们面前的一项紧迫而重要的问题。应该解放思想，开拓思路，借鉴国内外一切成功的经验，运用多种渠道、多种方式、多种办法，破解资金难题。

20世纪70年代末80年代初，随着各国经济迅速发展，城镇化趋势不断加快，城市基础设施功能落后和供给不足的问题日益突出，各国政府加大了对城市基础设施投资建设的力度，但同时又面临着缺乏充足资金和足够管理能力的困境。因此，从20世纪80年代开始，不论是发达国家还是发展中国家都开始探索建立更加科学有效的城市基础设施投融资体制与模式。

#### （一）在城市基础设施投融资体制改革方面

20世纪70年代以来，西方各国开始对基础设施领域进行大刀阔斧地改革，采取了一系列新举措。大致分为以下几个阶段：

1. 国有化阶段。在20世纪70年代之前，大多数国家都把城市基础设施视为具有自然垄断的社会福利性产品，侧重于对城市基础设施实行国有化管理。

2. 私有化改革阶段。20世纪70年代末80年代初，各国逐渐发现，政府投资建设并运营管理城市基础设施存在许多问题，如投资浪费、效率低下、服务质量差等。为解决这些问题，许多国家开始筹划在基础设施领域进行改革。改革的一项重要措施就是在基础设施、公共企业方面推行私有化，让私人、私营机构和私人企业购买部分公营事业，或把原先政府管理的公营事业项目转包给私人企业或公司。

3. 市场化改革阶段。城市基础设施投融资市场化，概括地讲就是要打破垄断，引进竞争，通过培育市场经营主体，将原来依靠行政方式组织建设和经

营的城市基础设施项目，交由市场主体按市场化方式组织。在投融资、建设、运营各个环节中引入竞争机制，通过创新机制和加快政府职能转变，实现投资运营主体多元化，达到减少财政负担、借助社会力量、发展城市基础设施的目的。

以市场为基础的城市基础设施改革趋势，始于20世纪80年代中后期，由于财政资金有限及国有企业在提供公共物品和服务方面低效，越来越多的政府开始转向私营部门寻找新的资金支持，并依靠私营企业提供公共物品。20世纪90年代，吸引私人投资和依靠私营企业提供公共物品，减少对这些行业的政府管制几乎在所有国家得到推行。西方国家在城市基础设施市场化改革的具体实践中，采取了一系列的新举措，比如合同出租、公私合作、用者付费制等等。在这方面，我国也有比较成功的范例，如投资140多亿元的杭州湾跨海大桥和投资420亿元的钱江新城，都是这样开发建设的。杭州湾大桥建设的民营资金超过了总投资的三分之一，钱江新城的开发建设社会投资高达67%。

### （二）在城市基础设施投融资创新模式方面

1. 传统基础设施投融资模式的创新。

市政债券。指地方政府及其代理机构或授权机构发行的一种债券。

信托产品创新。指将社会闲散并期待增值的资金集中起来，委托信托投资公司管理、运作，投资于某个特定的城市基础设施建设项目，共同分享投资收益。在这一过程中，信托公司作为项目的投融资中介，不仅以专业、经验和理财技能参与安排融资计划，而且还可以以信托、投资银行、财务顾问等综合金融手段运用于项目投资。

资产证券化。指将缺乏流动性，但能够产生可预见的、稳定的现金净流量的资产，通过一定法律和融资结构安排，对资产中的风险和收益要素进行分离和重组，进而转换成在金融市场上可以出售和流通的证券的过程。这种融资方式是由原始权益人将其特定资产产生的、未来一定时期内稳定的可预期收入转让给专业公司，由专业公司将这部分可预期的收入证券化后，在国际或国内资本市场上进行融资。

2. 新兴基础设施投融资模式。主要是项目融资，分为两大类，即私人主动融资和公私合伙制。

私人主动融资。主要形式是政府与私人部门合作，政府赋予私人及私人部门组成的特别目的公司以公共项目的特许开发权，由特别目的公司承担部分政府公共物品的生产或提供公共服务，政府购买特别目的公司提供的产品或服务，或给予特别目的公司以收费特许权，或政府与特别目的公司以合伙方式，共同营运等方式，来实现政府公共物品产出中的资源配置最优化，效率和产出的最大化。私人主动融资的项目主体和资金来源，一般是本国民营企业，项目管理方式灵活，特许期满后项目营运权的处理方式也很灵活。

公私合伙制。即公共部门与私人企业合作模式，是指政府、营利性企业和非营利性企业，以某个项目为基础而形成的相互合作关系的模式。通过这种合作模式，合作各方可以得到比单独行动更有利的结果。合作各方参与某个项目时，政府并不是把项目的责任全部转移给私人企业，而是由参与合作的各方共同承担责任和融资风险。

另外，我国的济南市城投公司模式也是一种投融资的新模式。

**（三）城建投融资改革的思考**

从西方各国城市基础设施投融资体制改革的历程可以看出，市场化改革能够减轻政府的财政压力，改善基础设施的建设和服务质量。而发行市政债券、信托产品创新、资产证券化、私人主动融资、公私合伙制等几种创新的投融资模式，则为地方政府解决投融资困境提供了借鉴意义。对河北省来说，城市基础设施投融资体制的市场化改革是一个必然趋势，在灵活运用各种投融资创新模式，坚持市场激励机制的同时，必须加强政府的宏观指导，完善市场经济法制体系。

1. 政府要准确定位，建立和完善基础设施投融资宏观调控体系。城市基础设施是国民经济和社会发展的组成部分，地位重要，作用显著。政府作为城市基础设施建设的投资主体，应体现政府的主导地位和引导作用。国外的实践证明，政府在基础设施投融资中的主要职责在于做好宏观调控，通过市场机制引导基础设施的投融资，而不是行政主导投融资。同时，要为投资者创造优良的经营环境、服务环境、生态环境、生活环境，吸引更多的国内外资本参与基础设施领域。例如，应该出台具体政策规定基础设施引入改革经营方式和组织形式，实行多种所有制共同参与的投融资体制。借鉴国外城市基础设施建设和管理经验，大胆利用一切反映现代社会化生产规律的经营方式和组织形式，实行以公有制为主体，多种所有制参与城市基础设施建设投融资体制。以资本市场和市场运行作为最主要的融资渠道和投资准则，本着"谁投资，谁受益，谁承担风险"的原则，支持、鼓励和引导非政府部门、非国有机构、企业（国有、私营）和社会资金（包括民间资金）参与城市基础设施建设。

2. 加强法制建设，依法调整参与各方的经济利益关系。市场经济是法制经济，在市场经济条件下，城市基础设施建设如管理体制、投融资体制、资金来源、城市维护建设税、市政公用事业价格和收费的原则等，都应纳入法制化轨道。依靠法律调整其经济活动的关系，促进城市基础设施建设稳定发展。

城市基础设施投融资体制的市场化改革是一个必然趋势，良好的体制是塑造健全理性投融资行为的基础和前提。市场化改革对政府在城市基础设施建设和管理上提出了更高、更严格的要求，城市基础设施投融资行为要在市场利益激励、市场风险约束，以及政府主导和行政监管下进行。城市基础设施的投融资建设和运营管理，必须依靠市场这只"看不见的手"和政府这只"看得见的手"协调管理。完全靠政府管制不行，完全靠市场机制也不行。

（本文作者系河北省人民政府副省长）

◎ 廊坊环城水系

# 防止病态城市化 促进社会主义和谐社会建设

朱正举

促进和谐社会建设是我国经济和社会发展的重要目标和必要条件。积极稳妥地推进城市化，既是构建和谐社会的重要内容，也是推进和谐社会建设的重要手段。推进城市化必须与我国的经济社会发展阶段相适应，统筹区域协调发展，促进城乡共同繁荣，实现人与人、人与自然的和谐相处。

当前，我国正处在城市化加速发展的历史阶段，城市化的快速发展，不仅反映在发达地区和城市的快速发展上，而且带动了相对不发达地区和广大农村的发展；不仅推动了城乡经济发展，也促进了社会和谐。主要表现在：一是城市化水平稳步提高。2000年到2005年，我国城市化水平由36.22%上升到42.99%。城镇数量和人口快速增长，2005年分别达到了改革开放前的9倍和3倍。二是城市群的辐射带动能力增强。以长江三角洲、珠江三角洲和京津冀三大都市连绵区为代表，全国已经和正在形成若干城市群，在国民经济发展中的辐射带动作用越来越强。三是城市化促进了农村经济发展。"十五"期间，全国转移农村富余劳动力约4000万人，工资性收入已经成为农民增收的重要来源。四是城市发展促进了社会和谐。通过加快城市建设，城市综合承载能力逐步提高、人居环境不断改善。

我国现阶段人均GDP超过了1700美元，正处于经济社会发展的"黄金时期"。这个时期既是各种经济关系的重要调整期，也是各类矛盾突显的"高风险期"。我国城市化在快速发展并取得显著成绩的同时，同样也存在着一些不容忽视的问题，一定程度上显现出城市化的病态倾向：区域发展差异明显，城乡差别扩大，城市建设粗放，一些城市内部出现市民与农民工新的二元结构，农民工、征地、拆迁等一些社会矛盾凸显等。如果这些问题不能及时得到妥善解决，将制约城市化进程，影响和谐社会建设。

## 一、病态城市化的主要特征

### （一）粗放的城市化

1. 土地资源集约利用程度下降。建设用地增长与经济和城市人口增长不协调。一是城市人口集聚对土地消耗的代价偏大。虽然目前城市户籍非农业人口已不能客观反映城市化转移农村富余劳动力的实际成就，但以城市户籍非农业人口计算的城市用地规模弹性系数总体呈上升的趋势（见图），一定程度上也反映了城市化对土地的高速消耗。乡村的粗放发展问题则更为严重，人均建设用地指标远远超过了城镇。

**我国城市用地规模弹性系数走势（按户籍非农业人口计算）**

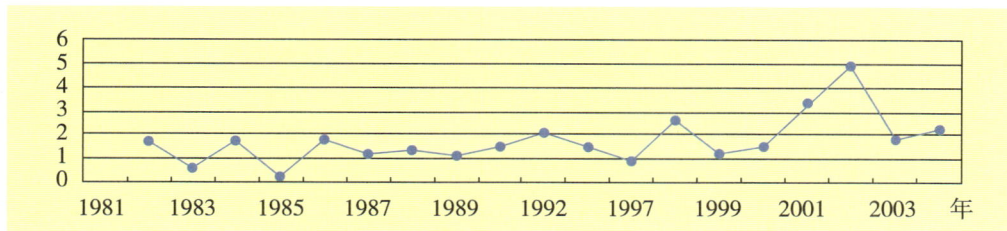

数据来源：根据《中国城市建设统计年报（2004）》整理，剔除1991、1994-1996突变数据。

二是非农产业用地增长与经济总量的增长不相称。单位用地GDP的产出率往往掩盖了非农产业对土地的粗放使用，导致以土地换取经济增长的现象日趋严重。无锡市在过去几年里平均每年投入土地8万亩，实现了15%的GDP增长和20%的工业增长。这个用地规模相当于2002年北方某省各类新增建设用地的总和，但其第二、三产业增加值的绝对增长量却远远低于该省。在一些地方，土地投放量增长过快，引发的信访量居高不下。据对昆明市调查，2005年全市因征地和拆迁问题集体上访和越级上访的次数，占全市集体和越级上访的17.7%。

三是城市市政公用设施用地规模偏大。无偿划拨的供地方式，一定程度上使城市市政公用设施对土地的使用不计成本，所提供的服务与占用的土地资源不成比例。从我国部分地表水厂和污水处理厂单位供水或处理能力占用土地的情况看，地表水厂、污水处理厂的土地利用效益分别相差近6倍、22倍，反映了一些城市市政设施用地比较粗放（见表）。

### 我国部分地表水厂和污水处理厂土地利用效益比较表

| 地表水厂 | 日单位供水能力占地（亩/万吨） | 污水处理厂 | 日单位处理能力占地（亩/万吨） |
|---|---|---|---|
| 秦皇岛市汤河水厂 | 21.67 | 重庆长寿化工园污水厂 | 20.63 |
| 重庆长寿化工园净水厂 | 7.50 | 山西阳高污水厂 | 18.93 |
| 石家庄市地表水厂 | 7.13 | 保定鲁岗污水厂 | 16.25 |
| 大连沙河口水厂 | 4.60 | 天津北仓污水厂 | 15.24 |
| 济南玉清地表水厂 | 4.95 | 扬州汤旺污水厂 | 6.13 |
| 北京第九水厂 | 4.38 | 澳门氹仔岛污水厂 | 2.36 |
| 温州新状元水厂 | 3.72 | 香港昂船洲污水厂 | 0.94 |

2. 严重缺水与用水浪费并存。我国水资源奇缺，2000年人均水资源量只有2200立方米，仅为世界平均水平的1/4，2004年更降至了1856立方米，许多河流的开发利用率已超过国际警戒线，特别是水污染和用水浪费并存更加剧了水资源不足的矛盾。我国城市有2/3供水不足，1/6严重缺水，北方城市普遍面临资源性缺水的挑战。

河流污染大大降低了水资源的供给能力，南方许多丰水地区的城市正面临着水质性缺水的威胁。上海地处长江、太湖两大流域下游，水质既受到上游水污染的影响，又有本地污染源的危害，尽管水资源总量较为充沛，但可利用的淡水资源十分有限，仅占地表水资源的20%。广东省约有1600万人饱受水质性缺水之苦，地质勘察部门预测，2010年缺水量将达到82.6亿立方米。

合理的水价机制尚未形成，用水浪费现象普遍。我国农业灌溉用水利用率仅为40%，是国外先进水平的一半；工业万元产值耗水量高达100立方米，是国外先进水平的10倍；全国城市供水管网漏损率超过20%，废水排放量占世界的28.5%（比美国多3倍）。城市生活再生水利用和分质供水工作刚刚起步。

与此同时，地下水超采造成了地面沉降、地裂缝、海水入侵、咸水界面下移等一系列地质环境问题。2001年，海河平原地面累计沉降量大于0.5米的面积已达1.37万平方公里，天津市大于2米的沉降面积有37平方公里，河北省大于1米的沉降面积达到了421平方公里。石家庄市由于长期超采地下水，地下水漏斗中心水位埋深超过40米，形成区域性水位下降。

3．能源利用效率偏低。我国能源资源十分匮乏，人均原油储量仅占世界平均水平的11%，天然气仅占4.5%，煤炭也仅占79%。全国还有约1.1亿人口没有用上电，人口密集、工业发达地区拉闸限电情况时有发生。能源消耗居高不下，加剧了能源短缺与经济增长的矛盾。虽然我国单位GDP能耗总体上呈下降趋势，但仍为世界平均水平的3.3倍（见表）；能源利用效率比发达国家约低10个百分点，仅为33%；电力、钢铁、有色金属、石油、化工等行业主要产品的单位能耗平均比国际先进水平高40%。

### 我国单位GDP能耗与部分国家对比表

| 国家 | GDP总量（亿美元） | 能耗总量（万吨标煤） | 吨标煤产出GDP（美元） | 亿美元GDP能耗（万吨标煤） | 我国单位GDP能耗与其他国家的比值 |
|---|---|---|---|---|---|
| 中国 | 9463 | 113923 | 830.64 | 12.03 | 1 |
| 德国 | 21506 | 46082 | 4666.89 | 2.14 | 5.62 |
| 印度 | 4141 | 42267 | 979.72 | 10.20 | 1.18 |
| 日本 | 39405 | 65966 | 5973.53 | 1.67 | 7.20 |

| 俄罗斯 | 2824 | 82984 | 340.67 | 29.35 | 0.41 |
| 美国 | 87288 | 298696 | 2922.00 | 3.42 | 3.52 |
| 澳大利亚 | 3740 | 15076 | 2480.00 | 4.03 | 2.99 |
| 巴西 | 7870 | 17042 | 4618.00 | 2.16 | 5.57 |
| 世界 | 296032 | 1086462 | 2724.73 | 3.67 | 3.28 |

数据来源：世界银行《世界发展报告2002》World Bank Database

在全社会的能源消耗中，城乡建设的能耗占有相当大的比例。目前，仅城乡各类建筑所消耗的能源已占全社会总能耗的近30%。在新建建筑中，40%以上没有执行节能设计标准，夏热冬冷和夏热冬暖地区的比例则高达80%和90%。全国大型公共建筑不到4%的建筑面积却占城镇建筑总能耗的22%。

4. 环境污染形势严峻。粗放型的经济增长方式和城市人口的快速增长加剧了城市环境的压力，环境基础设施难以支撑城市的可持续发展。一些城市污染物排放总量超过了环境容量，水体、土壤、大气污染问题日益严重，直接影响到环境友好型社会建设。2004年，全国城市生活污水处理率仅为32.33%，近1/3的城市没有污水集中处理设施。城市生活垃圾、建筑垃圾等固体废弃物产生量逐年上升，但生活垃圾无害化处理率仅为52.12%，仍有近1/4的城市生活垃圾和危险废弃物未经任何处理直接排入环境，固体废弃物对环境造成的直接和间接污染普遍存在。

一些大城市、省会城市和经济发展较快的城市，对环境污染问题仍然关注不够，污水集中处理率、生活垃圾无害化处理率甚至远远低于全国平均水平。2004年，我国长江沿岸龙头城市重庆、南京的污水集中处理率仅为13.11%、17.23%，河北省会城市石家庄为25.23%，以快速发展著称的昆山市为25.59%，低于全国平均水平。上海生活垃圾无害化处理率只有20.22%，比全国平均水平低32.1个百分点，与其建设国际化大都市的目标极不相称。

5. 城市建设和管理方式粗放。在城市建设中资源浪费、基础设施低效、重复建设的现象比较普遍，特别是基础设施建设缺乏区域协调，一定区域内还存在较严重的浪费现象。

城市建设盲目贪大求洋。有的城市缺乏长远考虑，城建工程建了拆、拆了建。有的热衷于追求短期的表面化妆，盲目攀比和跟风冒进思想主导着一些城市的建设活动，"广场热"、"草坪热"、"喷泉热"、"景观大道热"等行为，不仅没有真正改善居民的工作和生活条件，还给后来的城市改造带来更大的困难。

城市管理简单粗放。城市管理法律法规体系尚不健全，职能分散、政出多门、缺乏协调，公共服务和管理缺乏系统的量化标准、规范的操作程序和严格的监督机制。道路、沟槽工程缺乏统筹协调，普遍存在重复开挖、无序作业和施工扰民等现象。受各种利益的驱使，市政公用事业领域市场化改革进展缓慢，市场竞争不完全，制约了城市公共服务的有效供给。

**（二）不协调的城市化**

1. 城乡差距拉大。据统计，1997—2004年，全国农民人均纯收入只增加846.3元，不到城镇居民收入增量的1/5；年均增长速度不到城镇居民的一半。城乡居民收入差距由1984年的1.83∶1持续扩大到2004年的3.21∶1（见图），如果考虑到福利、生产成本支出、实物估价等因素，实际差距则更大。

**我国城乡居民收入比趋势（1978—2004）**

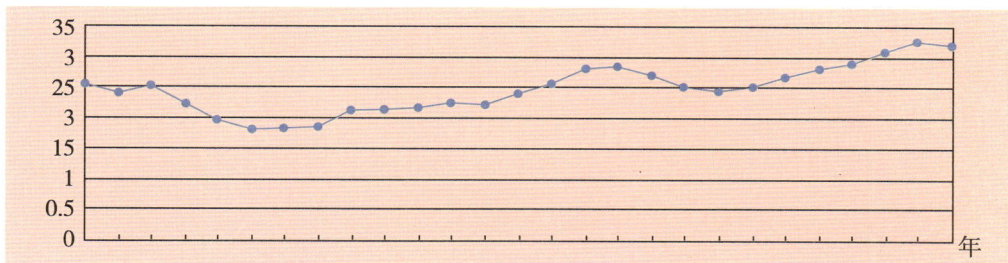

资料来源：根据《中国统计年鉴（2005）》计算。

在各省区，城乡差距扩大的趋势也十分明显。江苏省虽然整体上城镇居民人均可支配收入与农民纯收入的差距较小，但差距扩大的趋势也很明显。1989年，江苏省城乡居民收入的差距仅为1.05∶1，到2004年差距持续扩大到1.43∶1。2004年，河北省城乡收入差距由2000年的2.28∶1扩大到2.51∶1，山东省则由2.44∶1扩大到了2.70∶1。

2. 区域差距扩大。自上世纪60年代我国工业化启动以来，地区差距总体上呈扩大趋势。从经济总量看，1980—2005年，东部地区在全国经济总量中的比重从50%增大到62%，上升12个百分点，中西部地区所占比重相应下降，这种趋势1990年代以来明显加剧。从人均GDP看，1980—2003年，东西部人均GDP的相对差距由1.92∶1扩大到2.59∶1，东中部由1.53∶1扩大到2.03∶1，中西部由1.25∶1扩大到1.27∶1。1995年云南省人均GDP为3024元，与江苏、山东、河北相比分别差了2.41、1.90和1.46倍，到2004年则分别拉大到3.08、2.51和1.92倍（见图）。

**云南与鲁苏冀人均GDP差距（比值）呈扩大趋势**

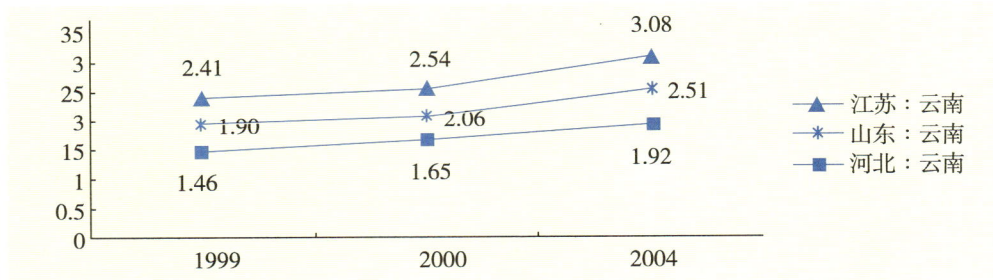

数据来源：根据中国统计年鉴（1996、2001、2005）计算。

区域发展的差距还表现在区域内部的发展不平衡上。在东部地区，甚至在城市化程度较高的京津冀地区，还存在着一个由32个贫困县、3798个贫困村、272.6万贫困人口构成的"环京津贫困带"。2004年，河北环京津地区人均GDP与北京的差距，已由2001年的2.1倍扩大到2004年的2.6倍。

3. 城乡内部贫富差异明显。在我国的一些城市特别是大城市，城市内部贫富差距持续拉大。城镇居民10%最高收入家庭户与10%最低收入家庭户的差距，由1998年的3.09倍扩大到2000年的5.02倍。城市10%的富裕家庭已经拥有居民全部财产的45%，而10%的低收入家庭其财产仅占1.4%。2005年，江苏省城镇居民家庭按五等分的最高收入户和最低收入户人均可支配收入的差距超过了10倍。

农村居民的收入差距也在扩大。1998年，农村居民10%最高收入户人均纯收入是低收入户的4.8倍，2000年上升到6.5倍。2005年，按五等分的高收入户人均纯收入为6930.65元，是低收入户的6.88倍。

4. 弱势群体利益被忽视。一是农民工没有得到公平公正的经济和社会待遇。据统计，2003年，全国仅建设领域拖欠农民工工资达到336.6亿元，其他如餐饮、娱乐等服务行业也大量存在工资拖欠问题。虽然全国清欠工作已取得阶段性重大成果，但任务仍很艰巨。如不能从根本上建立防止拖欠的长效机制，农民工工资收入降低或被拖欠的现象将不能避免。建筑领域农民工长年生活居住在简陋的工棚里，达不到基本的卫生要求，身心健康受到影响。在教育、医疗、社会保障等领域，还存在不少针对农民工的歧视政策。

二是失地农民的生计和社会保障没有着落。当前，土地既是农民的基本生产资料，也是农民最可靠的生活保障。仅1987-2001年，全国非农建设就占用耕地3395万亩，至少造成3400万农民完全或部分失去土地。在全社会就业压力增大、社会保障制度尚不健全的情况下，土地一旦被征用，就意味着农民失去了基本生存保障。失地农民由于缺少专业技能，文化素质较低，自谋职业困难，就业、子女上学、社会保障等方面得不到充分保障，最终沦为特殊的贫困阶层，给社会稳定造成巨大压力。

三是城镇被拆迁户的正当利益没有得到充分保障。特别是那些收入微薄的被拆迁户，因受住房保障制度、住房供应结构和房价上涨等因素的影响，在其房屋被拆迁后所得到的货币补偿金不足以使其安居。集体土地上的房屋拆迁补偿和安置还没有法律法规的支撑，导致"城中村"集体土地上的拆迁成为难点和热点。加上拆迁程序不规范、野蛮拆迁和拆迁补偿不到位的问题大量存在，由此产生的信访量居高不下，成为社会不稳定的因素。

四是城镇低收入群体的社会保障体系不健全。目前，城镇最低收入家庭住房保障，还没有正式列入国家社会保障的制度体系，保障渠道和保障力度没有保证，与其他相关的保障制度在体系上还缺乏有机的衔接。

**（三）滞后的城市化**

1. 城市带动农村发展的能力不强。我国城乡适龄劳动力有9.09亿，比整个发达国家还多3倍以上，劳动力的总供给远远大于总需求，就业面临严峻形势。一方面，我国每年新增城镇劳动力1000多万，加上1400多万下岗失业人员，已经造成了巨大的就业压力；另一方面，全国尚有1.5亿左右农村富余劳动力需要到城镇就业，但各级城镇吸纳农村富余劳动力转移的空间却越来越小，经济增长与扩大就业出现失衡。据统计，2003年全国城镇共使用农村劳动力1143.2万人，虽然比前两年有所回升，但仍比1996年少120多万。河北省城镇单位使用农村劳动力数量由1996年的90.9万锐减至2003年的39.2万，江苏省由100.5万降至55.6万，山东省由122.7万降至83.8万，云南省由36.1万降至25.7万，降幅都在28%以上（见图）。

**冀鲁苏滇城镇单位使用农村劳动力数量走势图**

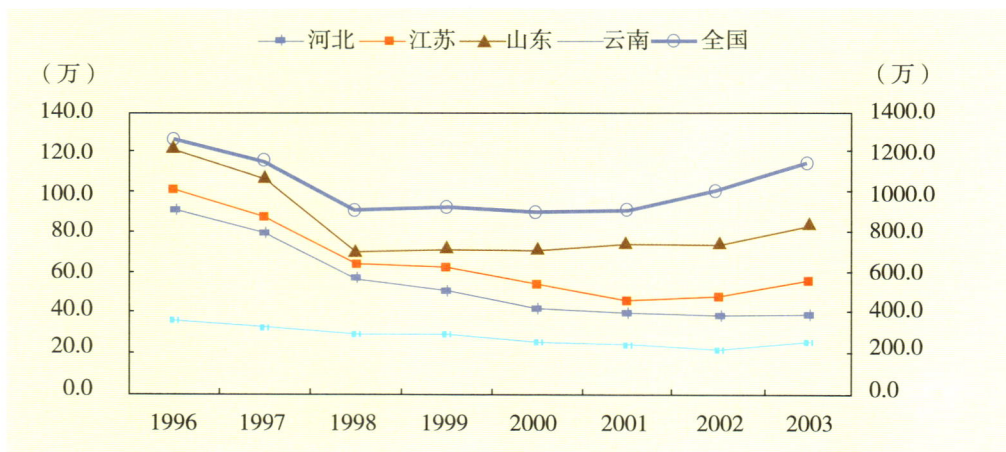

资料来源：根据《中国劳动统计年鉴》编制。

乡镇企业吸纳农村富余劳动力的主渠道作用减弱。上世纪80年代，乡镇企业对于农村经济发展、转移农村富余劳动力作出了巨大贡献。但"离土不离乡"的小城镇发展策略，使乡镇企业大部分散落在自然村，交易成本增高，丧失了聚集效益、规模效益和发展升级能力，逐渐在市场竞争中被淘汰出局，吸纳就业的能力迅速下降。

2. 城市综合承载能力不强。相当一部分城市重视新区开发，忽视旧城的有机更新。旧城区环境卫生条件不好、基础设施配套能力低、人居环境与新区形成强烈的反差。一些城市对改善城市外部形象比较重视，建了很多楼堂馆所、道路广场、花园洋房等"面子"工程，但真正制约城市承载能力和发展潜力的地下管网、环境治理等基础设施建设却十分滞后。道路交通网络不完善，交通堵塞不仅成为大城市的通病，且有向中等城市蔓延的趋势。有些城市现在还在使用日伪时期修建的供水管网，供水安全隐患严重。资料显示，我国各级城镇中有900多个垃圾填埋场，但达标率、防爆和防渗漏措施远没有到位。

城市综合防灾系统建设在各级城镇普遍比较薄弱，城市公共设施的应急抢险机制不健全。许多城市重供水轻排水，排水设施严重滞后。2004年7月，北京突降暴雨给城市排水和交通系统带来严重混乱，折射出我国城市整体上功能亟待提升的现状。

城市文化设施建设滞后。一些城市长期以来只注重经济增长，忽视城市文化和文化设施建设，城市发展缺乏活力。城市建设中盲目迁就开发商的利益，违反规划破坏历史文化和风景名胜资源的现象屡见不鲜，城市建设不分地段地过度烘托商业气氛，不注重体现城市的地方文化和民族文化，不注重保护和延续城市的历史文脉，不注重城市个性的张扬和特色的塑造。

3. 许多农村面临贫困压力。有专家指出，在城市化进程中，既要防止"城市病"的产生，更要高度警惕"农村病"的发生。目前，我国农村人口是城市人口的3倍，但消费支出总量仅为城市居民的91%。1998年，城镇居民就已经整体上进入小康，而农村居民则还处于低水平的温饱阶段，其消费水平至少比城市居民落后了10年。专家估算，目前我国农村的贫困人口近3000万人，若按年均纯收入825元计算，则贫困人口将达到9000万人以上。特别是贫困地区的恶性循环、因病和上学返贫问题十分突出。同时，我国的农村数量大、规模小，大部分既达不到基础设施独立配套的最低规模，也难以承受配套设施建设和运行的成本。

总之，病态城市化背离了科学发展观的要求，对资源节约和环境保护造成巨大压力，影响了城市的可持续发展和人与自然的和谐发展；背离了健康城市化的发展方向，经济增长和就业相脱节，影响了统筹区域和城乡的协调发展；背离了建设和谐社会的宗旨，损害了公平正义的社会秩序，影响了人与人的和谐发展。这些问题有的属于阶段性问题和技术性问题，有的属于深层次的体制问题和指导思想问题。

## 二、病态城市化的成因

### （一）对城市化进入加速期的准备不充分

按照城市化发展的一般规律，我国已经进入了快速发展的阶段。在这个阶段，以农村大量富余劳动力向城镇转移为基础，城市人口迅猛增长。

在社会心理上，由于文化背景、生活习惯和价值观念存在明显差异，农民工进城后既不能快速与城市居民融为一体，城市居民也没有在心理上做好接纳农民工的充分准备，对农民工的歧视普遍存在于各个领域。

在城市的承载能力上，计划经济下形成的城市规划建设理论，没有充分考虑大规模人口转移给城市造成的压力，基础设施和公共服务设施在本已不是很充裕的情况下，面对城市化快速发展的挑战，更显得捉襟见肘，不能适应人口流动和转移的需要。

在产业发展上，面对经济全球化的竞争，城市在产业发展策略上，显然没有把增加就业放在首位。国企改革产生的大量下岗职工、高校扩招后大批高学历毕业生和潮水般涌入的进城农民，给城市发展造成巨大的就业压力，且仍将长期地继续存在。

### （二）对城市化的科学内涵缺乏准确把握

健康的城市化，应该是兼顾城乡、区域和不同群体利益，与经济发展水平相协调、与资源环境承载能力相适应，更加注重质量和效益的城市化。但是，不少地方对城市化的科学内涵缺乏准确把握。一是重城市自身，轻区域协调。城市发展往往就城市论城市，对区域内各级城镇的职能分工、产业布局和协调发展研究不深；对如何以城市繁荣带动农村发展研究不够。区域基础设施建设仍较滞后，城市间缺乏有机的协调和合作。二是重城市建设，轻产业拉动。认为推进城市化就是推进城市现代化，城市现代化就是高楼大厦，对城市化的动力基础、产业的拉动作用未引起足够重视。三是重外延拓展，轻内涵提高。不少城市通过放开户口管制、频繁调整行政区划、吞并城乡结合部村庄等手段，增加了城市人口，但对提高产业效益、增加就业岗位、提高进城农民工素质等基础性、关键性工作重视不足，相关政策不配套。许多城市热衷于扩大城市规模，忽视对城中村改造等存量土地的整理和挖潜。四是重扩大规模，轻开发管制和资源保护。不少城市不考虑约束条件，盲目扩大城市规模；有的历史文化名城热心旧貌换新颜，拆真古迹，建假古董，造成历史文化遗产的破坏；有的风景名胜区过度开发，造成风景名胜资源日渐退化。五是重改善形象，轻完善功能。在错误的政绩观和片面的发展观驱使下，热衷于大拆大建的"面子"工程、"形象"工程和"政绩"工程，建了不少脱离实际的宽马路、大广场、大草坪（见表），对关系城市长远发展能力的"地下"工程、基础工程，对改善和提升城市功能的污水处理系统、排水系统、环境工程和涉及居民切身利益的公共服务配套设施投入不足。

## 中外部分广场面积对比表

| 城市 | 广场名称 | 面积（公顷） | 城市 | 广场名称 | 面积（公顷） |
|------|----------|-------------|------|----------|-------------|
| 北 京 | 天安门广场 | 约40 | 莫斯科 | 红场广场 | 5.0 |
| 山东荣城 | 市府广场* | 约40 | 巴 黎 | 协和广场 | 4.28 |
| 陕西榆林 | 世纪广场* | 11.8 | 威尼斯 | 圣马可广场 | 1.28 |
| 江苏江都 | 龙川广场* | 10 | 纽 约 | 洛克菲勒广场 | 0.60 |
| 山西太原 | 五一广场 | 6.3 | 墨尔本 | 市政广场 | 0.60 |
| 河南郑州 | 二七广场 | 4.0 | 佛罗伦萨 | 长老会议广场 | 0.54 |
| 山西大同 | 红旗广场 | 2.9 | 罗 马 | 市政广场 | 0.40 |

注：根据互联网资料整理。*为近十年新建成的广场。

### （三）规划的调控和指导作用乏力

城市规划体系尚不健全。在经济社会高速发展的20多年时间里，省域层面的城镇体系规划至今尚未全部完成审批，全国城镇体系规划仍未批准实施。城镇体系规划既缺乏必要的法律地位，也丧失了及时对城镇布局进行协调和指导的机会。城镇体系规划的滞后性，一定程度上导致了区域城镇空间布局混乱和城市无序竞争的局面。一方面，在资源环境承载能力弱、要素聚集条件较差的地区，城市规模的盲目扩张不能得到有效抑制；而资源环境承载能力较强、要素聚集条件较好的地区，城市发展又得不到应有的支持。另一方面，城市间没有形成有机的协作机制，区域资源分配不公平，很大程度上制约了区域的协调发展。

城市总体规划没有充分发挥指导城市建设的作用。规划编制缺乏科学性和前瞻性，对资源合理利用和管治乏力，水平不高，深度不够，影响了调控作用的发挥。由于城市规划和土地利用规划在体制、标准和编制方法等诸多方面不衔接，城市空间结构和用地布局的规划意图，往往难以实现。

城市规划执行的刚性不足。配套法规不健全，修编和调整程序不规范，致使违反规划成本过低。随意改变规划和违规建设在一些地方还较严重，使规划丧失了调控城市发展的刚性。

**（四）产业结构调整步伐缓慢**

客观上，自上世纪90年代以来，一方面，由于市场机制、国企改制，出现了大批待岗、失业人员；另一方面，资本、技术等投入要素以及制度性要素在经济增长中的贡献率上升，劳动力投入的贡献率趋于下滑，经济增长的就业弹性系数下降。但政府在指导产业发展的具体实践中，一是重视高投入、高产出和资源型大项目的建设，忽视了产业链条长、就业领域宽的现代加工业和传统劳动密集型产业的发展，对培育企业集群缺乏战略眼光，经济增长拉动就业不足。传统产业又面临投入不足、经营机制不活、创新能力不强等诸多因素困扰，企业效益下滑，就业岗位不增反减。二是对服务业的发展缺乏应有的规范和引导，服务业发展不成规模，提供的就业岗位缺乏保障，不少就业人员长期游离于就业与失业之间。三是消费对经济增长拉动的引擎作用未充分发挥。伴随经济的高增长，企业盈利主要来源于价格上涨和生产能力及产品出口，国内消费的拉动作用乏力。居民家庭最终消费如体育、娱乐、旅游、餐饮、家政等，不仅所占比重偏低，而且产品与市场十分狭小。对农村居民和城镇中低收入群体的消费需求与市场拓展缺乏系统研究。

### （五）农村发展缺乏有力引导

"离土不离乡"的政策导向，掩盖了农业、农村和农民的隐性矛盾。虽然在政策实施初期，遍地开花的乡镇企业为吸纳农村富余劳动力、增加农民收入作出了突出贡献，但在其发展和新增就业岗位能力受到限制时，大量农民又不得不背井离乡，到城市去寻找机会，迅速加剧了城市的就业压力。

指导农村建设的法律法规还不健全。目前，所有对开发建设行为进行规范的法律法规，基本上都是基于国有土地做出的，农村集体土地上的开发建设行为缺少必要的法律进行规范，各项建设大都处于自发状态，陷入了政府监管的"真空"。由于农村建设的规划理论和标准规范建设滞后，农村规划工作在相当一部分地区还是空白。

### （六）体制和机制建设滞后

长期形成的城乡"二元"分割的政策体系和管理体制，仍存在于社会生活的各个领域。无论是法律法规，还是各项政策，都严格区分了城市和农村的界限，城市和农村在户籍、就业、教育、医疗、福利、保险等各个领域，都存在着政策上的不公正。

城乡统一的社会保障体系尚未建立。一是城镇以养老保险、医疗保险、失业保险为主体的一般性社会保障制度覆盖面低，也缺乏流转的衔接机制，制约了城镇劳动力的横向流动。二是针对弱势群体的救济机制不健全，城市最低收入家庭生活保障制度覆盖面小、保障水平低，最低收入家庭住房保障制度还没有真正纳入到统一的社会救济体系。三是农村社会保障制度还没有全面铺开，更没有与城镇的社会保障制度相衔接，农村富余劳动力进城务工后往往转化为弱势群体，限制了劳动力的纵向流转。

公共财政和税收制度在调节资源配置上的作用没有充分发挥。"分灶吃饭"的财政体制在激励地方发展经济的同时，也给资源节约和环境保护带来巨大压力。特别是在风景名胜区和历史文化保护区，在经济增长面前，资源节约和文化、环境的保护往往被迫做出让步。公共财政还不适应社会流动性增强要求增加城市公共产品和服务的挑战。

城市化发展缺乏监督约束机制。以GDP和速度为核心的干部考核体系，使得地方政府注重城市化发展的速度，忽视城市化发展的质量和效益。在城市建设中出现的"形象工程"、"政绩工程"和对历史文化资源、风景名胜资源的建设性破坏，往往很难得到纠正。

### 三、城市化的一般规律和国外经验借鉴

城市化是一个通过重新配置各类资源和生产要素，实现社会转型的历史过程，涉及经济和社会发展的各个领域。借鉴国外城市化的成功经验，认识和把握其规律，对于积极稳妥地推进城市化、推进和谐社会建设至关重要。

#### （一）城市化的一般规律

1. 城市化水平与经济发展水平紧密相关。经济发展与城市化水平提高，互相促进，互为因果。经济发展到一定阶段特别是工业化发展到一定程度，城市化水平随之提高。随着城市化的推进，占主导地位的产业从农业转为工业，再转为服务业，经济发展水平呈现出不断提高的发展过程。即，人均国内生产总产值越高，城市化水平也就越高；而城市化的更高品质也会促进经济发展。

2. 城市化发展呈现明显的阶段性规律。按照世界城市化的一般规律，城市化过程呈现S形增长曲线，即诺瑟姆曲线。根据该理论，城市化过程一般分为三个阶段：即城市化发展缓慢的初级阶段，加速发展的中期阶段和增长趋缓直至停滞的后期阶段。据世界银行统计，当发展中国家的人均GDP达到1000美元，城市化水平达到30%时，城市化将进入加速发展期，经济社会进入矛盾突发期，我国已进入这个阶段。

3. 全球化对城市化的影响日益显著。20世纪70年代以来，经济全球化不断加速，对世界城镇体系产生了前所未有的影响，促进了城镇空间结构的转型，大都市地区经济主导地位越来越突显，成为所在国家参与全球竞争的战略性节点。同时，城市化发展还显示出后发加速的特征。后发工业化国家的城市化快速发展期越来越短，英国城市化快速发展时期大约用了100年（1800–1900），美国大约用了80年（1890–1970），日本大约用了40年（1935–1975），而韩国仅用了约30年（1960–1990）。

4. 推进城市化必须与增加就业相协调。盲目增加城市人口，提高城市化水平，就会导致过度城市化，直接导致城市化进程中的贫困化。20世纪50至60年代，拉美一些国家奉行土地私有制，加剧农村土地兼并，迫使大量农民破产涌入城市。受世界经济发展形势变化的影响，进入80年代后，许多拉美国家陷入持续经济衰退和债务危机，城市失业率居高不下，带来"贫民窟"的产生和犯罪率的上升等一系列严重问题，社会动荡不安，政权更迭频繁。几乎在拉美地区的每一个国家，城市贫困的增幅都大于乡村，严重制约了经济和社会的发展。

5. 工业化和城市化达到相当程度后，工业反哺农业、城市支持农村是具有普遍性的趋向。工业化和城市化初期，农业在国民经济中居主导地位，为提高整个国民经济发展水平和人民生活水平，需要用农业积累支持工业发展，城市从广大农村地区聚集了大量的财富和生产要素。当工业化、城市化发展到一定阶段、工业成为国民经济的主导产业时，要实现工农业和城乡协调发展，除了发挥市场机制的作用，国家必须加强对农业的扶持和保护。

**（二）国外城市化的主要模式和启示**

城市化与各国政治体制、经济发展及人口、土地资源等条件密切相关。按照政府与市场机制在城市化进程中的作用、城市化进程与工业化的相互关系，一般将世界城市化分为三种模式。

1. 政府调控下的市场主导型城市化。以西欧、日本等发达的市场经济国家为代表。市场机制在这些国家的城市化进程中发挥主导作用，政府则通过法律、行政和经济手段，引导城市化健康发展。城市化与市场化、工业化总体上是一个协调互动的关系，是同步型城市化。

英国是工业革命的发源地，也是最早把城市规划作为政府管理职能的国家。二战结束以后，随着大规模重建、人口快速增长和小汽车日益普及，英国出现郊区化趋势。对此，政府采取设置环城绿带和建设新城的城市规划政策，较为成功地遏制了大城市的无序蔓延。英国针对问题适时制定并实施以城乡规划为主体的公共干预政策，城市规划的成效卓著引起世界各国的广泛关注。

日本在工业化和城市化发展中发挥了政府干预的积极作用，根据人多地少和资源匮乏的国情，通过推动大都市圈的发展，以较小的社会环境代价获得较高的经济发展速度。二战后随着经济的空前高速增长，日本的城市发展也进入了快速发展阶段，城市化水平从1945年的27.8%上升到1970年的72%。

韩国在经济腾飞和城市化进程中，政府的公共政策也发挥了十分重要的作用。从1962年开始的三次五年经济计划中，政府采取效率优先的经济发展政策，产业布局和基础设施投资等优先向大中城市倾斜，城市化水平迅速提高，1975年达到48%。随后，韩国政府适时将农村发展列入国家战略，开展了声势浩大的"新农村运动"，在工业化和城市化过程中同步推进农村现代化，到1990年代基本消除了城乡之间的发展差距。

2. 自由放任型城市化。美国是当今世界最发达的资本主义国家，也是市场经济的典型代表，在其城市化和城市发展的过程中，市场发挥着决定性作用。从19世纪末至20世纪70年代，伴随着工业化的迅猛发展和对西部地区的开发，美国城市化迅速发展，城市化水平在1920年突破50%，1970年达到73.5%，进入高度城市化社会，1990年则达到75.2%。由于美国政治体制决定了城市规划及其管理属于地方性事务，联邦政府调控手段薄弱，政府也没有及时对以资本为导向的城市化发展加以有效引导，造成城市化发展的自由放任，使城市不断向外低密度蔓延，城镇建设无序，空间和社会结构问题日益突出，形成过度郊区化，并为此付出了高昂的代价。

过度郊区化造成土地资源浪费严重，城市人口密度从1920年的每平方英里7597人下降到1990年的3783人。过低的人口密度大大增加了公共交通、教育、文化、警力等社会服务和水、电、气、垃圾处理等基础设施的人均开支，经济成本居高不下，城市政府不堪重负。与此相伴生的，资源能源消耗巨大，生态环境破坏严重。同时，过度郊区化还带来一系列社会问题，城郊间贫富分布的不均衡加剧了种族、阶层间的文化冲突，形成相互割裂的社会圈层，富裕的郊区环绕着贫穷的中心城区的城市空间形态已成为美国城市的重要特征。

3. 殖民地经济型城市化。由于历史传统和现实因素的作用，拉美和加勒比海与非洲大部分国家的城市化，与这些地区的国家长期沦陷为西方列强的殖民地直接相关。这些地区的绝大多数国家已完成了加速城市化的发展阶段，城市化水平与西方发达国家大体相当，但外来资本主导下的工业化与落后的传统农业经济并存，工业发展严重落后于城市化，属于"过度城市化"。

大部分非洲国家曾经是欧洲发达国家的殖民地。为了加强宗主国与殖民地的联系，城市往往位于沿海或沿河地带，被称为殖民地城市体系。宗主国在非洲推行土地私有化，迫使大量失地农民涌入城市。20世纪70年代以来，经济停滞不前和人口迅猛增长使非洲国家的城市危机日趋加剧，70%以上的市民居住在自发形成的大片贫民区。

一些南亚国家在城市化过程中，城市人口过度增长，大都市及其周边的城镇和村落形成连绵不断的空间集聚形态。但由于经济发展速度无法支撑人口增长带来的各种压力，这些国家的城乡连绵区域在经济、社会和制度等方面仍显现出乡村特性，普遍存在就业不足、基础设施落后、公共设施匮乏和生活环境恶化等一系列问题。

总之，城市化没有一成不变的固定模式。市场经济发展是城市化的基础，政府有效引导是健康城市化的保证。各国在推进城市化的进程中，无论选择什么样的道路，都曾遇到过一些共性问题，主要包括为中低收入者提供住宅，消除贫民窟；保障公共设施和公共服务，促进城市发展；合理利用土地资源，避免浪费；保护生态环境、自然资源和历史文化资源等等。通过认识和解决这些问题，西方国家对城市化进程经历了一个从自由放任到实行必要的政府引导和干预的过程。我国幅员广大，人口众多，资源短缺，环境脆弱，地区之间不仅存在着自然和人文条件的差异，也存在着发展水平差异和参与国际经济程度的差异。特别是在城市化快速发展阶段，迅速、深刻的结构调整带来了复杂的经济和社会问题，必须按照中国的国情和时代发展要求，从维护公众利益、保护资源和生态环境、促进可持续发展的目的出发，加强对城市化过程的宏观调控，引导城市化健康发展，促进和谐社会建设。

## 四、防止病态城市化的对策和建议

防止病态城市化，必须体现产业拉动、空间集聚、城市集约建设和各方面利益相协调的要求，使城乡居民都能够共享城市化发展的成果，实现人与自然和人与人的和谐发展。

**（一）以科学发展观统领城市化发展全局**

1. 坚持以人为本。兼顾不同群体的利益要求，从人民群众最关心、最直接、最现实的利益问题入手，切实做好农民工公正待遇、失地农民生计和社会保障、城镇低收入群体社会保障、被拆迁户正当权益保障等工作，千方百计增加城镇就业岗位，使城市化发展的成果惠及全体人民。

2. 坚持全面协调可持续发展。以经济建设为中心，不断增强城镇对农村富余劳动力的吸纳能力和城镇的综合承载能力。统筹城乡发展，统筹区域发展，统筹经济和社会发展，统筹人与自然和谐发展，把城市化和社会主义新农村建设结合起来，把培育、壮大城市群和促进区域协调发展结合起来，把城市经济发展和社会发展结合起来，把城市建设和资源环境保护结合起来，不断增强地方政府领导把握全面协调可持续发展要求的辩证思维能力。

3. 实现城市化又好又快发展。在破解城乡二元结构和完善监督约束机制等重要领域和关键环节，实现改革的新突破。坚持社会主义市场经济体制的改革方向，不断提高改革决策的科学性，增强改革措施的协调性。

**（二）发挥规划的调控作用**

1. 建立城乡统一的规划体系。通过立法构建规范的城乡规划体系，切实提高城镇体系规划的法律地位，抓紧审批《全国城镇体系规划》，强化城镇体系规划对区域城乡发展的调控和引导作用。抓紧研究跨行政区的大都市圈（或大都市连绵区）的规划编制办法，推动区域城镇空间发展规划编制工作。提高区域规划的法律地位，通过区域城镇空间发展规划，合理配置区域的交通系统、信息网络和各类发展资源，着力解决区域经济一体化发展中的重大问题。建立城市总体规划与土地利用、产业发展、环境保护等相关规划的衔接和协调机制。

2. 强化规划的刚性原则。实施"三区五线"管理，加强对城市发展空间的管制。明确划定禁止建设区、限制建设区、适宜建设区和红线、绿线、蓝线、黄线、紫线，纳入规划强制性内容，强化对道路用地保护范围、绿地保护范围、水体保护范围、市政基础设施用地保护范围和历史文化街区保护范围的用地控制。引导城市通过完善城市布局结构解决城市发展中的问题，通过集约型建设改善城市整体效益，通过集群化发展提高区域综合竞争力，避免大城市盲目"摊大饼"式扩大规模和各级城镇间的无序竞争。

把支持产业发展作为城市规划的重要任务，按照"布局集中、用地集约、产业集聚"的要求，突出搞好工业区布局，为工业发展预留空间，提高规划的适应能力。合理安排商贸流通、居住和公用设施等用地布局，加强用地兼容性研究，在强调规划刚性的基础上，完善规划实施的弹性机制。

3. 严格规划实施和监督。逐步建立城市规划决策、执行相分离机制，不断规范和完善城市规划决策程序，促进公众参与，减少和约束规划部门自由裁量权，解决领导干部随意干预、变更规划问题。健全规划实施监督机制，强化同级人大监督和上级政府对下级政府的层级监督。完善规划公示、公布制度，加强社会对规划的监督。建立城市规划行政监察和行政责任追究制度，确保规划依法实施。

### （三）以产业集群带动城市集群发展

1. 推动产业集群发展。坚持城市化与经济发展和生产力布局紧密结合，把产业聚集作为城镇发展的基础，通过产业聚集带动农村人口向城镇转移，形成工业化与城市化良性互动的发展机制。通过培育产业集群，有效延长产业链，提高地方经济与企业抗风险能力和竞争力。高度重视劳动密集型产业的发展，扶持就业空间大的中小企业发展，促进农村富余劳动力转移。

在推进龙头性产业集群发展的基础上，积极培育不同类型、不同层次、不同规模的企业集群，扩大就业领域和范围。积极实施有利于促进二、三产业向城镇集中的产业政策，搞好工业区和特色工业小区建设，引导分散布局的乡村企业向城镇和工业区集中。通过企业集聚，扩大产业综合规模，促进服务业发展，降低就业门槛。大力发展服务业，坚持市场化、产业化、社会化方向，拓宽领域、扩大规模、优化结构、规范市场，提高服务业的比重和水平。在继续发展商贸、餐饮、住宿、仓储等传统服务业的同时，大力发展连锁经营、物流配送、电子商务和金融、保险、咨询、中介等现代组织形式和服务方式。充分发挥中心城市服务业的带动作用，高度注重县域服务业的支撑作用，形成以中心城市为带动、辐射广大城乡的合理布局。

2. 坚持大中小城市和小城镇协调发展。按照分类指导的原则，着力解决区域中心城市辐射带动能力不强的问题，提高城市综合承载能力和竞争力，推动区域快速发展。大力提高中等城市的运行质量和效益，完善功能，壮大实力，增加数量，推动区域健康有序发展。以现有县级市、县城和有条件的建制镇为重点，发挥小城市和小城镇联系城乡的纽带作用，壮大城镇体系基础。根据不同区域的资源禀赋、环境容量和发展条件，选择不同的城市化推进模式。对于开发密度较高而资源环境承载能力有所减弱的区域，优化整合现有城市群。对资源环境承载能力较强、集聚经济和人口条件较好的区域，加快培育和发展新的城市群。对资源环境承载能力较弱、集聚经济和人口条件较差、生态环境脆弱的区域，重点提高现有城镇的发展质量，实行引导人口异地转移的政策。

把城市群作为现阶段推进城市化的主体形态，充分发挥城市群在带动经济发展和推进城市化中的龙头作用。总结珠江三角洲和长江三角洲的成功经验，推动不同层次的城市群加快发展。对已经形成城市群发展格局的京津冀、长江三角洲和珠江三角洲等区域，加强城市群内各城市的分工协作和优势互补，继续增强城市群的整体竞争力。对具备城市群发展条件的辽中南、山东半岛、海峡西岸、关中等地区，加强统筹规划，以特大城市和大城市为龙头，形成若干用地少、就业多、要素集聚能力强、人口分布合理的新城市群。

3. 建立城市化发展的区域协调机制。区域是城市的腹地，城市是区域的核心。妥善处理城市化与区域协调发展的关系，构建科学的城镇空间格局，统筹区域协调发展，促进区域共同进步。健全区域合作、互助和扶持机制，以市场为导向，打破行政区划的局限，促进生产要素在区域间自由流动，加强区域经济协作和技术、人才合作，促进区域协调发展。

着力推动京津冀地区城镇群快速发展。目前，环绕首都地区的巨大"贫困带"已经成为京津冀地区快速崛起的软肋，推进京津冀地区快速发展的关键在"两翼"。按照建设京津冀都市连绵区的要求，积极推进京津冀地区的产业、港口、陆路交通和生态环境保护等方面的广泛合作，以天津滨海新区和唐山曹妃甸工业区为龙头，推进生产力布局向沿海推进，形成京津冀大滨海地区产业发展带。加大对河北地区发展的政策扶持，着力培育壮大河北的中心城市，形成与京津两大巨型城市相匹配、相衔接的城镇体系。依靠政策引导和市场推动两种力量，建立合理的利益分配和补偿机制，避免出现"发达的中心、贫穷的腹地"，实现该地区的协调发展和共同发展。

### （四）统筹城乡发展

1. 坚持工业反哺农业和城市支持农村。我国是一个人口众多的农业大国，农业始终是国民经济和社会发展的基础，即使若干年以后我国城市化发展步入成熟阶段，仍会有30%左右的人口留在农村，农业、农村、农民问题仍是一个大问题。因此，应制定切实可行的财政、税收、金融等奖励性政策，充分调动工业反哺农业、城市支持农村的积极性，鼓励和引导城市发挥资金、技术和人才优势，加大公共财政对农村的覆盖范围。

2. 优化村庄空间布局。随着农村人口向城镇的逐步转移，在农民自愿的前提下，引导农民集中居住，逐步加强对分布零散的自然村进行迁并整合、扩大规模，以达到基础设施配套的规模。通过逐步迁并自然村落，增加村镇之间距离，扩大农田之间空间，并按照新的标准建设小城镇和社会主义新农村，使农村居民能够比较充分地享受到现代化基础设施带来的各种好处。

3. 整治农村环境。坚持城市化与新农村建设一起抓，推动城市化与社会主义新农村建设互相促进、互动发展。加强生态环境建设和农田水利设施建设，引导农村工业向城镇工业区集中。平整治理不必要的河湾沟壑，扩大农田地块面积以适应农业机械化、工业化生产的要求，提高农业劳动生产率，增加农民收入。整治农村脏乱差现象，改善农村人居环境。

### （五）增强城镇综合承载能力

1. 加强城市基础设施建设。牢牢把握调整结构、转变增长方式的重大战略取向，把城市基础设施投资的重点放在城市公共交通、园林绿化、污水和垃圾处理设施建设，转向供水、供热、燃气等地下管网的建设和改造，完善城市载体功能。深化城市建设投融资体制改革，逐步建立政府引导、市场化运作的多元化、多渠道投融资体制，保持合理的城市基础设施投资规模，实现基础设施建设的良性循环和滚动发展。加快市政公用事业改革，开放资本市场、经营市场和作业市场，积极吸引外资和民间资本参与改组改造市政公用企业，实现市政公用行业的产权多元化，全面建立适应市场化要求的市政公用产品、服务价格的形成机制和政府补贴机制，大力推行特许经营制度，加大提高市政公用事业发展活力，提高市政公用产品和服务的供给能力。

加快城镇住房建设，进一步完善调整住房供应结构的机制和办法，建立符合国情的住房建设模式和消费模式。以普通商品房和经济适用房建设为主体，逐步健全适应不同消费需求的城镇住房供应体系。多渠道筹措资金，加快最低收入家庭住房保障制度建设，提高住房保障的法律地位。

稳步推进"城中村"改造，着力解决人民群众生产和生活中的突出问题。要坚持改造和改制相结合，促进村集体经济组织转制、村集体土地转为国有土地、村民转化为市民，采取就业安置、货币安置、留地安置等多种途径，解决农民就业问题。

2．提升城市品位。切实加强城市生态园林和环境建设，提高城市生态承载能力，营造城市绿色文明，建设宜居城市。加强城市历史文化与风景名胜资源保护，延续城市历史文脉，突出城市文化特色。强化对历史文化名城、历史文化街区、文物保护单位和优秀历史建筑的保护，重点保护好其传统格局、整体风貌和周边环境，延续城市机理和历史文化内涵。推进博物馆、图书馆、艺术馆、体育馆等大型文化体育基础设施建设，让每个大型文化设施都具有文化性、地域性、时代性和休闲性。大力开展群众性文化设施建设，把社区文化设施作为居住区开发建设的强制性内容。大理和丽江在城市建设中妥善处理了与风景名胜资源和历史文化资源保护的关系，城市特色鲜明，品位高雅，充满活力。南通以博物苑为龙头，环濠河博物馆群建设已初具规模，各类博物馆近30个，成为国内名副其实的"博物馆城"。

3．坚持依法管理城市。深化政府行政体制改革，完善城市规划建设管理的决策和运行机制，强化社会服务职能，提高行政效能。对涉及城市经济社会发展全局的重大事项，广泛征求意见，充分进行协商和协调，对专业性、技术性较强的重大工程技术问题，认真进行专家论证、技术咨询和决策评估，减少决策失误。对同群众利益密切相关的重大城市建设问题入手，实行公示、听证等制度，扩大公众参与。加快城市建设管理立法，改进城市管理执法，推动全社会守法，不断推进城市建设管理的法制化、规范化。

4. 建立和完善城市公共服务体系。大力推进社区服务体系建设，把最贴近居民生产生活的社会救济、物业管理、医疗保健、就业指导等便民服务，逐步纳入社区服务的内容。从群众反映最强烈的脏乱差和出行、乘车、上学、入厕不便等问题入手，着力解决好群众生活中的难事、"小事"。完善应急管理体系建设，提高城市抗风险能力，维护城市安全。

**（六）破解资源环境瓶颈**

1. 节约和集约利用土地。从严控制城市建设用地规模，努力提高城市土地的集约利用程度和工业用地的投入产出效益，最大限度地节约土地资源。健全与城市总体规划和控制性详细规划相衔接的城市土地分等定级制度，完善土地级差价格评估机制和动态调整机制，指导城市土地开发利用，实现土地保值、增值。深化土地使用制度改革，研究将土地出让转让过程中一次性收取出让金的办法逐步改为逐年收取，提高土地收益的持久性和稳定性。

落实城市建设用地增加和农村建设用地减少相挂钩的政策，加大农村土地整理力度，着力治理"空心村"，实现退房还耕。建立建设用地增加和农村富余劳动力转移相匹配的监测分析制度，把城市用地规模弹性系数作为评价城市化质量的重要指标。

2. 保护和节约水资源。城市规划建设要考虑水资源开采与补给的平衡，考虑节水对供水与排水系统建设的要求。鼓励再生水利用技术的开发和利用，建立对再生水利用设施建设的财政支持政策和税收优惠政策。加快中水回用设施、住宅小区配套雨水收集与处理设施建设，强制推行分质供水，最大限度地开发和有效利用水资源。

理顺城市供水价格，建立符合市场规律的水价形成和动态调整机制，实行惩罚性的阶梯式水价政策。在推行用水定额核定的基础上，坚持奖励与惩罚并重，促进用水节约。努力构建节约型的消费模式，用节约型的消费理念引导消费方式的变革，在全社会树立节俭、文明、适度、合理的消费理念，大力倡导节约风尚。

3. 优先发展公共交通。统筹规划，合理布局，建立便捷、通畅、节能、安全的节约型交通运输体系。从交通管制措施和公交设施建设入手，落实优先发展公共交通的政策。加强多种交通运输方式的协调，保护步行、自行车等节约型交通方式，强化交通运输管理，抑制私人机动交通工具对城市交通资源的过度使用，提高交通运输系统效率。

4. 持续加强环境保护。既要重视对环境保护技术的研究、开发和利用，更要重视对环境保护的财政、税收政策支持，通过国家法律、法规和政策，以经济利益为杠杆，推动环保政策的落实。改革排污机制，实行排污权交易制度。完善生态环境的区域保护机制，发挥公共财政和税收政策的作用，通过建立区域资源补偿和环境补偿机制，激励位于生态敏感区和环境控制区的地方政府，提高对资源和生态环境保护的积极性。

### （七）完善政策体制

1. 建立统一规范的社会保障体系。进一步健全社会保障制度，特别是要建立非正规就业人员的社会保障制度，扩大社会保障制度的覆盖面。加快建立和完善城镇职工养老保险、医疗保险和失业保险等一般性社会保障制度，不断扩大社会保障的覆盖面。在此基础上，抓紧研究对各类保险的整合办法，建立中央和省级调节基金，实现一般性社会保障跨地区流转的衔接。

加强对弱势群体的救济体系建设。进一步完善包括住房保障在内的最低收入家庭保障制度，逐步形成统一规范的社会救济体制。积极探索失地农民、进城务工农民等特殊群体的社会保障机制，及时总结江苏、浙江、河北等一些地方的成功经验，适时形成全国统一规范的制度，并最终纳入社会保障系统。

2. 深化财税体制改革。完善财政税收制度改革，强化公共财政作用，平衡区域发展中的各种利益关系，鼓励和引导资源节约型和环境友好型社会的建设，促进区域协调发展。抓紧进行开征物业税的政策研究，通过财政税收主渠道，调整住宅供应结构，引导社会形成健康的住房消费心理。深化小城镇财税体制改革，增加小城镇的自有财力，促进其加快发展。

3. 继续推进户籍制度改革。建立城乡一体的市场就业机制和统一、开放、竞争、有序的劳动力市场秩序，促进农村富余劳动力向各级城镇转移。逐步废止依附于户籍上的教育、福利、就业等政策的歧视性规定。

4. 深化行政区划改革。针对一些地区县多、县小不能形成规模竞争力的情况，逐步对一些县（市）进行撤并。一次性解决部分省仍然存在的市、县同城，区、县同城的行政区划问题。在保持社会稳定的前提下，积极探索适应现代市场经济运行规律、适应我国经济社会发展阶段的行政区划管理新体制，试行省直管县和扩权县的管理体制。

5. 建立规范的城市化统计制度和质量评价体系。以最小居民点为单元划分人口统计区域，规范城镇人口统计口径，准确反映在不同地域单元上的经济活动、人口转移、就业结构、资源环境等要素的变化情况。建立科学规范的城市化法定统计制度，规范各级统计年报和统计年鉴的基本内容，把城市化发展的情况纳入法定统计体系并逐年公布。建立规范的城市化质量评价体系，为合理把握城市化进度奠定基础。

## 五、需深入研究的重大问题
### （一）速度和质量

一定阶段和条件下，城市化不是越快越好，城市化水平也不是越高越好。目前，有的学者主张中国的城市化增长速度控制在0.8–0.9左右为宜，有的主张控制在1.2–1.5左右为宜。实际上，离开速度谈质量和离开质量谈速度，都会背离推进城市化的初衷。我国区域差别大，发展条件各异，各地不可能保持统一的速度或人为规定一个静态的速度范围。合理把握城市化的速度，就是要在保持一定城市化速度的前提下，遏制病态城市化的出现。

如果城市化的发展速度不能与发展质量统筹考虑，盲目提高速度就会强化资源环境压力，恶化人与自然关系，激化社会矛盾，造成过度城市化；而随意放慢速度，则不仅不能解决城市化进程中涌现出的种种矛盾和问题，还会丧失发展机遇和延缓农村富余劳动力的转移进程。合理确定城市化的速度，应首先建立一套科学的城市化质量评价体系，通过对资源能源的利用效益、产业发展对就业的贡献程度、城市承载能力的提升、人居环境的改善和弱势群体利益的保障等进行综合评价，来准确把握。

◎ 石家庄长安公园

## （二）规模和容量

城市发展应加强对"门槛—门框"问题的研究。理论上，城市发展存在一个最小的门槛规模，低于门槛规模的城市，其发展将处于低效益状态。门槛规模与经济社会的发展水平和历史文化背景紧密相关，必须结合当地的实际情况，通过不断提高人口、资源向城市的聚集程度，扩大城市规模，提高城市效益，促进城市快速发展。

但受区域资源环境承载能力和城市自身运行成本的限制，城市的综合效益与规模不会永远成正比，城市规模不可能盲目地无限制扩张，即在理论上存在着"门框"的限制。如何在区域规划的指导下，根据资源环境承载能力和限制条件，研究不同城市合理的极限规模，以经济手段、法律手段和行政手段调控城镇发展，防止人口脱离实际盲目向大城市聚集造成过度城市化，是实现城市发展与资源环境相协调的重要课题。

## （三）开发和保护

保护是开发的前提，是为了更好地开发。把握开发和保护的关系是实现政府保护资源环境职责和市场开发行为相协调的重要内容。保护资源和环境是需要政府履行的职责，要深入研究如何进一步发挥规划对资源开发和环境保护的调控作用，通过编制规划，划定禁止建设区、限制建设区和适宜建设区，调控开发建设强度，规范开发建设行为，提高资源合理利用和持续利用水平。

开发是市场的行为，要深入研究如何充分发挥市场对资源配置的基础性作用。通过加强市场作用，改变政府的过多干预与限制，在资源配置、项目选择、资源整合、产业链形成等方面，充分发挥市场自发配置资源的作用，弱化政府管制与制度限制，提高企业行为和民间资本力量的强势地位。

## （四）发展动力和政策保障

产业是城市化的根本动力，产业发展主要依赖市场对资源的配置力量，由市场来决定区域内产业的发展与合作。在产业发展上，要深入研究和认识市场经济的发展规律，通过不断弱化政府对产业发展的行政干预，充分发挥市场的能动作用，增强产业发展的动力和活力。

推进和谐社会建设不应是"锦上添花"，而应是"雪中送炭"。要研究建立有利于政府公正履行职能的社会管理与公共服务架构，在涉及社会公平正义的领域，建立法律保障、政策保障和行政执行力保障等强制保护体系，在市场失灵的领域履行政府责任，保护弱势群体利益，维护社会稳定和公平。

### （五）城市尺度和人本理念

城市尺度与人本理念的关系反映了城市发展的价值观。宜居城市首先体现了人本理念，是以人本为尺度对城市发展做出衡量。和谐发展的主体是人，发展的尺度是人，发展的目的也是满足人的发展需求。城市建设应树立以人为本的理念，道路宽度、城市色调、设施建设、环境改造等，都要以方便居民的生产生活为准则，以人的感觉、感受为标准，把居民能够感受到的幸福程度作为衡量城市建设和发展的尺度，研究建设质朴、生态、亲近人的城市。

城市建设应摒弃"物本尺度"的价值观。目前，物本尺度理念指导下的城市建设现象较为普遍，城市成为钢筋水泥的建筑，缺少绿地和新鲜空气，热岛效应加剧，生态环境恶化。应加强对城市建设价值观的研究，防止把人变成城市的观众，把城市建成钢筋混凝土的森林。

### （六）建设和管理

城市管理是城市经济、社会效益和文明程度的综合体现。当前，以建代管和重建轻管的观念还较普遍，影响了城市整体运行效益。应结合我国城市建设和管理的实践，树立建管并重的观念，深化城市管理体制改革，加大管理投入，强化公共服务和危机管理，提高城市综合运行效益。

处理好城市管理中的各种关系，对于提高城市管理水平、优化发展环境起着关键性的作用。要研究把加强城市管理与规范管理行为、提高市民素质结合起来，探索建立长效管理体制，推进城市建设公示制度和公众参与制度，促进城市管理规范化、制度化和科学化。

城市公共服务是一项复杂的社会系统工程。整合公共服务资源，努力扩大公共产品和服务的供给，对于完善城市服务功能、提高人居环境质量发挥着重要作用。要研究把城市建设管理和提高城市公共服务水平结合起来，探索整合公共服务资源的机制，形成增强公共服务能力的合力。

### （七）考核和监督

"为官一任，造福一方"，政府必须讲政绩，这是执政为民的基本要求。在推进城市化过程中，树立和落实正确的政绩观，就要研究建立对政府推进城市化发展的政绩考核体系和社会监督体系。改进政绩考核体系，既要将促进城镇新增劳动力就业、推进城乡统筹就业、加强失业调控、节约资源能源和环境保护等列入考核内容，也要研究规范这些指标的统计监测方法和考核办法，提高考核质量。

建立完善的监督体系，要研究如何才能实现对政府权力部门、决策机关和领导同志的有效监督，强化责任追究，促进依法行政，防止短期行为。要研究进一步畅通信息渠道，解决政府行政和对政府监督中的信息不对等问题。

（本文作者系河北省住房和城乡建设厅厅长）

◎ 石家庄裕华路与中华大街交口

# 城镇化与产业集聚升级战略

魏后凯

世界城市发展史和产业发展实践表明，城市和产业相互支撑、相互促进：产业是城市发展的源泉，没有产业，城市的发展就如同无源之水；城市是产业发展的载体，没有城市功能的完善，产业发展就失去了竞争力的基础和保障。城市是区域经济发展的高地，也是区域经济竞争的前沿阵地。一方面，做城市就是做产业，另一方面，做城市也有赖于产业的集聚升级。以产业集聚和集群发展加快城镇化进程，以城镇化为载体推动产业结构升级，从而实现城镇化与工业化的良性互动，是当前我国城镇化需要格外注意的问题。

## 一、当前我国已进入群体竞争的新阶段

随着经济全球化的推进和区域竞争的加剧，我国区域竞争正在由过去的个体竞争走向群体竞争。以城市群和产业链为主体的群体竞争，已经成为当前区域竞争的新特点。

1. 城市群竞争。城市是区域的核心，城市竞争是区域竞争的关键。过去，我国城市竞争主要表现为单个城市之间的竞争。但随着城市群的发展和区域一体化的推进，单个城市已经被整合到城市群之中，并承担特定的功能，其作用是有限的。显然，未来的区域竞争将是各大城市群之间的群体竞争，而并非单

纯是单个城市之间的竞争。尤其是在参与高层次的全国竞争和国际竞争中，城市群将发挥更加重要的作用。

以城市群参与国际竞争的成功案例是荷兰的兰斯塔德。兰斯塔德是由阿姆斯特丹、鹿特丹、海牙、乌特勒茨4个大城市和20多个中小城市组成的城市群。在这一城市群中，各个城市分工明确，并通过快速交通网络有机连接起来。对荷兰政府而言，构建兰斯塔德的主要目的，就是要拿兰斯塔德与伦敦、纽约、巴黎、东京等国际大都市相抗衡，以城市群的整体优势参与国际竞争，提高荷兰在国际竞争中的地位和档次，同时避免单中心国际大都市带来的"膨胀病"，创造一个生产、生活和生态协调发展的宜居环境。

2. 区域产业链竞争。企业是参与区域竞争的微观主体。过去，区域产业竞争主要表现为单个企业之间的竞争，但单个企业的能力是有限的。区域产业涉及上、中、下游各个环节，需要相关产业的配合和支撑。随着区域竞争的加剧和产业链式发展，区域产业竞争出现了由单个企业之间的竞争走向产业链式竞争的趋势。在这种新的竞争态势下，区域竞争力并非完全取决于单个企业，而是取决于区域整个产业链的整体竞争优势。这样，就需要改变过去那种区域发展中存在的"有企业无产业"的状况，逐步构筑区域产业链的整体竞争优势。

在这个群体竞争的时代，实行错位竞争、链式发展，构建一体化的新型产业分工格局，形成都市圈产业链整体优势，是提升都市圈整体竞争力的重要途径。以发展的眼光来看，京津冀都市圈未来发展前景很大，这个地区有条件成为世界规模级的大都市圈，有条件成为世界级的研究、开发和创新创业基地，有条件成为中国高端服务业和高端制造业的集聚区，也应该成为引领中国经济发展的重要增长极。

对河北来说，关键是要实行错位发展，主动融入到京津冀都市圈。这种错位竞争主要体现在三个方面：一是部门错位。即各地发展不同的产业部门。二是产品错位。即各地发展同一产业部门的不同产品，实行产品专业化和产业内分工。三是功能错位。即各地发展同一产品价值链的不同阶段、环节甚至模块，实行功能专业化和产业链分工（包括模块分工）。比如说，大家都在发展同一个产品，研发、制造、营销，可以分布在不同的地区，总部可能在北京，但是研发可以在南方，制造可能在石家庄，组装可以到唐山去，这就是产业链之间的错位。我们要通过这三种类型的错位发展和专业化分工，形成错位竞争的格局。

### 二、走具有河北特色的新型城镇化道路

当前，我国传统的城市发展模式已经走到了尽头。这种传统的城镇化发展模式存在很多弊端，主要表现在五个方面：一是片面强调"土地城市化"，对人口、居民素质、生活质量的城市化不重视。二是忽视资源配置效率，城市发展存在对土地、能源、水等资源的过度消耗。三是生产、生活、生态不协调，城市工业用地偏多，居住、生活休闲和生态用地偏少。四是没有实现城乡一体、互动和融合。五是城市缺乏特色，对城市颜色、景观规划和城市文化重视不够。

传统的城市发展模式是不可持续的，必须尽快实行转型。城市转型是一种多元化的综合转型，既包括经济转型、社会转型、文化转型、观念转型，又包括制度转型和发展转型。城市的发展重心要从注重经济增长转变到关注品质提升、社会发展和民生改善；城市的产业结构要从产业链低端向中高端转型；城乡关系要从城乡分割向城乡一体化转型；动力来源要从投入驱动向创新驱动转型；空间结构要从无序开发向有序开发转型。

走中国特色的新型城镇化道路，就是走一种符合中国国情和科学发展观要求，以"多元、渐进、集约、和谐、可持续"为特征的新型城镇化道路。

我们讲的新型城镇化的特色，具有丰富的内涵，比如说从多元化来看，首先它应该是一种规模的多元化，也就是大中小城市与小城镇协调发展。有人说中国搞城市化就搞几个大城市就可以了，我认为这样的看法有些极端。没有中小城市，哪来大城市？第二应该是区域的多元化，不同区域的发展模式存在差异。第三是机制的多元化，要把市场与宏观调控结合起来。第四是动力多元化，要实现由多种经济成分、多种产业共同拉动城市发展。

从实际来看，河北的城镇化水平是比较低的，滞后于工业化。最近几年，河北省跟全国的城镇化的差距在缩小，但是还低于全国的平均水平。这跟河北

的产业结构有关系，河北省原材料产业发展得很快，但这些产业不是一种典型的都市产业，不一定集中在城市地区。

河北究竟如何走特色新型城镇化道路？我认为应当坚持六大战略：坚持以人为本，走人本型城镇化之路；坚持资源节约，走集约型城镇化之路；坚持城乡统筹，走融合型城镇化之路；坚持协调发展，走和谐型城镇化之路；坚持特色发展，走多样型城镇化之路；坚持可持续发展，走低碳型城镇化之路。

### 三、促进城镇产业合理集聚和集群发展

1. 集聚化。城镇化必须有坚实的产业支撑。工业化是城镇化的支撑和驱动力，城镇化是工业化的载体和催化剂。而工业化必须走园区化、集中化、城市化的道路。产业园区化、集中化、城市化是强化城市群竞争和产业链竞争的重要手段和载体。各类产业园区目前成为推动地区经济增长的发动机，成为促进产业升级、转变发展方式的中坚力量，成为探索新型工业化和新型城市化的试验田。

在促进和引导产业合理集聚的过程中，要防止两种错误的倾向：一要防止不合理集聚。集聚有合理集聚，有不合理集聚。在引导产业集聚的过程中一定要防止因"过度集聚"而出现"膨胀病"，产生经济"过密"与"过疏"问题，使一些边远地区在经济上"边缘化"。二要防止无效或无关联集聚。目前，我国不少园区尤其是市县级园区还停留在单纯的园区化阶段，园区功能定位不明确，缺乏特色和专业化分工，企业间缺乏有机的联系，犹如"一个麻袋装着一大堆土豆"。这个麻袋就是园区的边界，土豆就是我们招商引资来的企业，一打开麻袋，里面的土豆都是散的，缺乏有机关联。

在促进和引导产业合理集聚的过程中，还要促进人口和产业协同集聚。当前，各种产业向城市和大都市区集聚的速度快于人口集聚的速度。城镇地区特别是大都市圈和城市群在大规模集聚产业的同时，也应该相应比例地大规模集聚人口，加快推进人口城镇化的进程，从单纯产业集聚到人口与产业协同集聚。要加快户籍制度的改革，使大量进城农民工能够和谐地融入城市，真正在城市安家落户，实现共建共享，提高城镇化质量。

2. 集群化。在人口和产业集聚协同的基础上，我们还要实行集群化战略，促进产业集群发展。所谓产业集群化，就是在产业集聚的基础上，依靠市场机制的作用和政府规划与政策的积极引导，促进产业集聚向产业集群方向发展的过程。过去我们建立的各种工业园区，只是一种产业集聚过程或者说园区化，而并非是一种集群化。当然，从理论上讲，并非是所有的产业集聚都能发展或培育成为产业集群。从产业集聚走向产业集群需要一系列的前提条件，如紧密的产业关联、社会化的专业化分工协作、发达的中间组织和网络、完善的产业配套、合作竞争和互动机制、适宜的创新环境等。也就是说，政府实施集群化战略，必须充分发挥市场机制的作用，依靠规划和政策引导，创造一个良好的外部环境，从而促进有条件的产业集聚和工业园区向集群化方向发展。虽然产业集群大都是在市场机制的作用下自发形成的，但是，在引导产业集群合理有序发展，创造一个有利于创新的良好外部环境方面，政府政策的作用仍是十分重要的。也就是说，地方政府可以通过实施集群化战略，在那些有条件的地区或者已经形成一定产业集聚的地区，充分发挥政府和市场的作用，积极培育和发展产业集群，由此提升城市的综合竞争力。这种依靠培育产业集群来提升区域竞争力的战略思路，我们把它称之为基于集群的区域竞争力提升战略。

集群这个概念现在已经引起大家的重视，实际上我们河北在这方面应该说已有了相当的基础，有了相当一批不错的产业集群。所以，我们要立足于产业集群化发展，通过实行这样一种区域发展战略，加快推进城镇化进程。

### 四、以城镇化为载体推动产业结构升级

1. 实行适度多元与专业化并重。大城市产业要适度多元化，大力发展高端（先进）制造业、高端服务业、高端农业。要做大做强中心城市，提高服务业的比重和档次，增强中心功能。中小城市要走"专精特深"的道路，产业的发展、工业的发展应该有特色，产品应该有特色，要深加工，走专精特深的道路。小城镇走专业化、特色化、品牌化的道路。

2. 大力发展产业链经济。产业链是价值链、供应链和生产链的统一体。从价值链看，它是产品增值各个环节所构成的有机整体，通常包括从研发、

设计、中试、零部件、组装、销售到售后服务的完整体系；从生产链看，它是按照生产和技术联系形成的本产业上、中、下游产品之间的纵向链接；从供应链看，它则是按照提供产品和服务联系形成的本产业与其他产业的横向链接。对于产业园区来说，应充分发挥优势，以优势产业为核心，大力发展产业链经济，促进产业链式发展。首先，要根据自身的条件和优势，控制那些具有优势的产品增值环节，尤其是优势核心环节，扩散转移那些不具有优势的环节，构建开放型的一体化优势产业链。通过控制产品价值链的优势核心环节，来控制整个产业链，提升园区的产业竞争力。其次，延伸优势产业链条，打造一批具有竞争力的一体化主导优势产业链。要采取有效的措施，把这些主导优势产业链做大、做强、做长。也就是说，要把产业链的规模做大，把综合实力和竞争力做强，把发展层次和技术水平提高，把产业链条拉长。第三，实行产业链"选商选资"，实现从招商引资到"选商选资"的根本转变。这样，通过"选商选资"，实现园区产业升级，提升自主创新能力和持续竞争力。

3．完善产业配套体系。产业配套能力已成为扩大招商引资的第三投资环境，它可以降低企业的生产和商务成本，提高整个产业的竞争力和抗外部干扰能力，促进外来企业落地生根，推动区域经济走向融合发展，避免区域产业发展因环境变迁而出现大规模的迁移，甚至走向衰退。产业配套体系已经成为一个地区扩大招商引资的重要方面，我把它叫做第三投资环境。京津冀跟珠三角、长三角相比，很重要的一个问题是产业不配套。如何完善我们的产业配套体系是一个很重要的问题。具体说要完善四个配套：基础设施的配套、生产的配套、产业环境的配套、生活条件的配套，应该是四个配套形成一个完整的地方产业配套体系。

（作者系中国社科院城市与环境研究所副所长、研究员）

◎ 衡水滏阳河畔

# 河北加快城镇化建设步伐的几个问题

孙世芳

## 一、城镇化战略的实质与意义

城镇化的本质是聚集（产业聚集、人口聚集）。通过聚集产生较高的经济、社会、文化要素的配置效率，从而不断推动经济规模的扩张、带动经济结构的优化、创新发展方式，使城市成为经济发展和社会进步的综合体现。

现在，我们已经进入一个以科学发展观为指导、统筹区域经济社会发展的新阶段。在这样一个新的发展阶段，加快城镇化建设步伐，应该说是抓住了发展的阶段特征、抓住了发展的牛鼻子。

### （一）城镇化是我国现代化的标志、动力和必由之路

城镇化的基本涵义是指一个国家或地区的人口由农村向城市转移的过程。这一过程也是城市规模不断扩大、产业结构不断优化、社会结构不断变化、城乡文明不断融合发展的过程。城镇化是推动现代化的强大动力，也是现代化的必由之路。

城镇化的本质是聚集（产业聚集、人口聚集）。通过聚集产生较高的经济、社会、文化要素的配置效率，从而不断推动经济规模的扩张、带动经济结构的优化、创新发展方式，使城市成为经济发展和社会进步的综合体现。城镇化的根本特征就是"以空间换财富、以空间换速度、以空间换资源、以空间换

生态"。我国现代化建设面临着人均资源少、环境容量不足两大制约，城镇化可以从根本上促进生态脆弱区人口的梯度转移，为生态恢复和重建提供基础条件。城镇化还可以提高资源集约利用的程度和效果，特别是为资源的循环利用提供条件。

**（二）河北省加快城镇化建设步伐更具迫切性**

其一，"双低"制约：城镇化率低，城镇现代化水平低。2007年全省城镇化率为40.25%，比全国平均水平低4.69个百分点，在全国排第20位。除了城镇化率比较低以外，还有一个非常突出的问题，就是河北城镇现代化水平更低。由于受传统观念束缚、城市文化发育滞后，不论在城市规划、建设的理念还是管理上，离现代化城市的要求还有不少的差距，在城市现代化进程中表现为整体滞后。突出表现为城市功能战略定位不明确、规划水平低、基础设施滞后、城市管理弱化、违章建筑屡禁不止、城市形象较差。

其二，"双转"压力：产业转型、人口转移。河北面临的产业转型、人口转移的压力是巨大的。与先进省份比较，河北的钢铁产业大而不强，装备制造业、石油化工业除了个别产品外既不大、也不强，尽管信息产业这几年进入了一个高速发展的时期，但其增加值占全省GDP的比重还非常低。河北的产业结构偏重，主要是服务业太弱，服务业的发展是与城市发展紧密相连的，因此，推进城镇化的过程实质上就是推进产业结构转型的过程，也是加快产业聚集、优化产业结构的过程。

如果一个区域一半多的人口是农民，不可能实现区域的现代化，要实现现代化，需要有更多的农民转变成市民，实现人口的转移。据测算，未来10-15年，全省大致要有1500万农民转变成市民。可见，"双转"对于城市发展的要求都很迫切，任务也十分巨大。

其三，"双环境"制约：软环境、硬环境制约。软环境、硬环境制约导致人才、资本等经济要素的严重流失。为什么河北的要素市场发育不足、人才流失严重、难以引进战略投资者？原因是多方面的，但城镇化水平滞后、城镇功能定位不明确、产业聚集度低导致发展平台不大、居住环境污染严重以及体制机制的制约应该是其主要原因。

**（三）以"三年大变样"为总抓手，加快河北省城镇化建设步伐，是符合河北省情的重大战略举措**

其一，以"三年大变样"为总抓手，加快城镇化建设步伐，是省委、省政府以科学发展观为指导，在对河北省情深入研究的基础上，针对河北实际提出的一项重大战略部署。其本质绝不仅仅是城镇化建设的单项工程，而是推动河北又好又快发展的一项重大战略举措，是科学发展观在河北的深入贯彻落实。加快推进城镇化进程，既是一个产业聚集升级和人口聚集转移的过程，也是一个突破思想障碍和体制障碍的过程；既是一个提高城市承载能力的过程，也是一个提升居住条件的过程；既是一个节能减排、改善生态环境的过程，也是一个城市经济社会文化全面发展的过程；既是一个转变政府职能的过程，也是一个转变工作作风的过程。加快城镇化建设进程，对于加快河北又好又快发展步伐具有全局性、根本性和长远性。

其二，以"三年大变样"为总抓手，加快我省城镇化建设步伐，其战略实质就是以人为本、科学发展、富民强省。现在，我们已经进入一个以科学发展观为指导、统筹区域经济社会发展的新阶段。在这样一个新的发展阶段，加快城镇化建设步伐，应该说是抓住了发展的阶段特征、抓住了发展的牛鼻子。

从战略的高度实施"三年大变样"的各项工作，一是突出了阶段目标与长远目标相统一。省委书记张云川提出了"三年大变样、三年上水平、三年出品位"的要求。可见，"三年大变样"绝不仅仅是三年的工作，需要统筹三年目标和长远目标。二是突出了工作的重点性与协同性相统一。在推进城镇面貌三年大变样的同时，省委、省政府先后对解放思想、节能减排、新农村建设、培育市场主体、加快现代服务业发展、重大项目、建立现代产业体系、加强干部作风建设等进行了部署。可以说，一系列政策措施的出台环环相扣、针对性很强，其实质就是科学发展、富民强省。

其三，这一战略举措对于当前"保增长、扩内需、调结构、惠民生"更有其特殊的现实意义。投资、出口和内需是拉动经济发展的三驾马车，内需不足是我国经济发展中长期存在的一个问题，我省的情况也是这样。加快城镇化建设进程，本身就是一个扩内需、调结构、惠民生的过程。城镇化建设可以带来巨大的乘数效应，表现为城镇基础设施建设、产业项目建设对建材以及机械、电子等产品的巨大需求，拉动相关产业的发展。城市软硬环境好了，战略投资者就会来，新的投资带来更多的就业岗位，带来更多的消费。现代服务业会加速发展，在产业结构中的比重会不断增加。而且，"三年大变样"不仅在内容上突出了民生，在加快城镇化过程中也加大了财政对公共服务的支持力度，加大了城乡社会保障体系的建设力度，应该说这本身就是一项巨大的惠民工程。

### 二、深层问题与发展机遇

三个深层问题：城镇的聚集度不够，城镇体系不合理，规划建设管理粗放；城镇特色产业集群发展不够；观念制约和体制制约依然严重。

三大机遇：加快城镇化发展是落实国家拉动内需政策的最大工程；京津冀城市群以及环渤海城市带建设开始进入一个新的发展阶段；河北具有加快城镇化发展的后发优势。

#### （一）城镇化发展的大趋势

从空间分布看：城镇化呈现城市—城市群—城市带的发展趋势。城镇化初期，城市的规模小、数量少，呈点状分布；城镇化中期，城市由沿交通线状分布到由线到面扩散，呈现出大城镇化趋势，并形成大中小城市并举的城市群。城镇化后期，城市呈密集的网状分布，城乡融合形成城镇化地区，称之为城市带。当前，河北处于城镇化的中前期，大城镇化趋势明显，并出现城市群的雏形。

从城市发展内在逻辑看：城镇化由过去的粗放型增长向数量质量并重转变。我国城镇化水平的提高存在着不完全性和不彻底性。一是城镇面积粗放型扩张，综合承载能力不强。二是由于行政区划的变更，虚化了城镇规模和城镇人口，入统的部分城镇人口仍处在农村人口或准城市人口的状态。三是忽视城镇发展的内涵，规划水平较低、开放无序、粗放型扩张，不仅浪费了宝贵的土地和空间资源，也阻碍了城市未来的发展。当前，全国各地在追求省市规模扩大的同时，更加注重城市的高质量规划和建设，进入了一个数量质量并重的发展时期。

理想城市的发展方向：经济生态文化城。未来城市的发展以现代产业体系为经济支撑，以良好的生态系统为环境支撑，以现代城市文化为精神支撑。21世纪，面对环境污染、资源破坏，建设生态城市、文化城市等成为工业文明发展到今天的必然选择。

### （二）河北加快城镇化建设面临的深层问题

河北省城镇化，具体而言，面临着三个深层问题：

其一，城镇的聚集度不够，城镇体系不合理，规划建设管理粗放。聚集度不够，体现在产业和人口的聚集两个方面。城市的聚集度和我们这样一个人口大省和经济大省的地位不协调，大城市规模小、中等城市数量少、小城市缺特色。从根本上没有形成城市发展与产业发展的良性互动机制。

其二，城镇特色产业集群发展不够，突出表现为县域特色产业发展不大不强。在20世纪80年代中后期，河北县域特色产业发展水平与浙江等省相当，现在差距已经很是悬殊。而只有实现了产业的集群发展，才能实现产业的优化升级，为城镇化发展提供动力。

其三，观念制约和体制制约依然严重。河北是农业大省、农村人口大省，长期以来，加快城市发展观念相对滞后，人们对于新时期城市在全省又好又快发展中的基础性、根本性地位认识不够，体制性约束也比较严重。

### （三）河北省城镇化建设的新机遇

其一，加快城镇化发展是落实国家拉动内需政策的最大工程。当前，在应对国际金融危机的同时，必须看到它对河北省产业结构升级和城镇化带来的机遇。由于市场波动，不仅加快了产业结构升级的步伐，还大幅度降低了城镇化的成本，特别是钢材及其他建筑材料价格走低，城乡房地产市场开始回暖，为城镇化快速发展带来巨大的机遇。

其二，京津冀城市群以及环渤海城市带建设开始进入一个新的发展阶段。长期以来，京津冀地区"先进的城市和落后的腹地"并存，腹地由于落后难以更多地共享大城市的文明成果。随着经济和人口的进一步聚集，特别是快速交通网建设的提速，在未来两年内，半小时经济圈和一小时经济圈会加速形成。经济圈内的产业联系和社会联系将更加密切，对于城市发展提出了新的要求。

河北城镇建设面临着前所未有的发展机遇。

其三，河北具有加快城镇化发展的后发优势。一是做大做强大城市空间潜力巨大。统计表明，规模较大的城市生产率更高，较大的城市更节约资源。一般而言，特大城市的人均GDP是中小城市的2倍，超特大城市每平方公里承载人口是中小城市的6倍。尽管城市规模与产出也有一个边际递减问题，但现在河北省的城市规模远远没有到边际递减的程度。从河北省的城市规模看，2007年，100万以上的设区市人口占全部城市人口的36.4%，不仅低于全国39.4%的平均水平，更低于江苏77%、山东76.4%、浙江45.5%、广东38.9%的水平。因此，把省域内的大城市做强做大有巨大的发展空间。二是加快沿海城市建设的动力巨大。无论从产业经济还是从区域经济的角度看，港城经济作为对内、对外的双向开放型经济，在国家和地区经济中占有至关重要的地位。二战后日本经济的复苏，20世纪亚洲"四小龙"的出现，以及我国珠江三角洲、长江三角洲的崛起，港城的发展都发挥了重要的作用。在全球经济一体化趋势下，以港口开发为核心的港城经济将成为区域经济的新"引擎"，带动区域经济快速发展。河北省在这方面潜力巨大。三是中等城市偏少，体制创新空间较大。广东、江苏、山东的设区市分别为21个、13个和17个，都高于河北的11个。河北在做大做强大城市的同时，必须通过体制创新，加快中等城市的发展。

### 三、科学规划及产业方向

好的规划是财富，不好的规划是包袱。能不能形成一批好的规划，主要取决于两个方面：一是城市的战略定位问题；二是规划的决策程序问题。与工业经济相比，城市经济除了包含第二产业外，服务业的发展是其重要组成部分，并且呈现出取代第二产业主导地位的趋势。

#### （一）科学的城镇规划对于加快城镇化建设进程具有基础地位

好的规划是财富，不好的规划是包袱。规划是经济、生态、人文要素在空间上的布局。城市规划的共性目标是"宜居、宜业、宜学、宜商、宜游"；城市规划的个性目标就是以独特的角度和内容展示城市的魅力，更加突出城市独特的自然景观和人文底蕴。一个科学的城市规划都具备目标前瞻、功能统筹、利用集约、风格大气舒展的特征，反之，就不是一个科学的规划。

其一，城市规划的战略定位与决策程序。能不能形成一批好的规划，主要取决于两个方面：一是城市的战略定位问题；二是规划的决策程序问题。

城市的科学定位是科学规划的基础，定位要符合发展实际。如纽约定位于美国经济、金融、外贸中心；洛杉矶是娱乐、文化、科技、媒体、制造业加工中心；芝加哥是交通中心和期货中心。如果城市的定位和发展战略没有搞清楚，就急于规划，就难以作出科学的规划。为什么有的规划在短期内调来调去，难以落实，实质上就是没有把城市定位研究透。我省的城市定位和发展战略，有的比较明确，有的并不十分明确。一个城市的定位、发展战略、发展重点不仅要明晰，还要公布、宣传、推介，明确告诉投资者，未来发展的重点在哪里，未来经济的增长点在哪里，这样才能起到引导的作用，一个城市发展最忌战略重点不明确。

规划的决策机制主要是科学完善的审批程序。控制性详规一定要坚持政府主导。重大专项规划项目，要充分发挥规划审议委员会的主导作用。在城市规划中，既要避免"市场失灵"，又要避免"政府失灵"。

其二，前瞻性与统筹性。前瞻性是规划的前提。在实践中，"规划的视野要长远、要富有理想、要敢于突破传统的框架。"从实际工作角度来看，城市近期建设规划对指导城市建设所起的作用非常大，控制性详规中的"五线"：道路红线、绿化绿线、河流蓝线、基础设施黄线、文物保护紫线，一定要有前瞻性，规划完成后不能轻易改变。统筹是规划的根本方法。提高规划的统筹性，一要统筹近期与远期的规划目标，实现不同规划的衔接。二是要统筹主城区和其他区域的关系。在城中村的改造中，要避免拆旧村建新村，要实现新村建设与城区功能的相协调。三是要统筹不同的地域空间，特别是山地、滨河、平原的空间利用，同时还要统筹地上和地下的空间。

其三，城市的体与魂。一个有魅力的城市不仅要健康，还要有气质，这个气质就是城市的灵魂——城市文化。文化竞争力直接关系着城市的竞争力，未来的城市竞争将以城市文化论输赢。城市精神则是城市文化的核心，它直接影响着市民的文化修养和文化气质，支配着市民的价值取向、行为方式等方面，它让一座座城市风采各异、绚丽多姿。

城市的魅力在于特色。当前中国城市发展的一个共性问题就是存在特色危机，许多城市不分地区，不分历史文化背景，不分气候及其自然条件，盲目模仿，导致千城一面。还有一些城市建设缺少科学态度和人文意识，寄希望于"古"、"洋"、"奇"，结果削弱了城市的文化身份和特征，使城市景观变得生硬、浅薄和单调。

### （二）城市经济的发展方向和重点是建立现代产业体系

长期以来，人们习惯把工业化与城镇化相并列，认为工业化是经济现象，而城镇化是社会现象。这种认识上的误区，无形地影响着人们的行为。实质上，城市的起源是商品生产与交换的需要，在工业化中期以前，农业和工业是推动城市发展的主要力量，进入工业化中期以后，城镇化则是推动产业结构高级化的主要动力。在当今城市发展中，经济职能更是其主要的职能。因此，城镇化既是经济现象也是社会现象，并且首先是经济现象。与工业经济相比，城市经济除了包含第二产业外，服务业的发展是其重要组成部分，并且呈现出取代第二产业主导地位的趋势。

城乡结构与产业结构是关系中国现代化进程的两大结构。加快城镇化进程优化城乡结构、加快现代产业体系建设优化产业结构是加快我国现代化进程的两大推动力。现代产业体系的现代性表现在哪里？一是产业自身的现代化，即通过高新技术改造传统产业，形成高附加值、低能耗、低排放、高成长性的现代产业集群，使产业的核心竞争力得到明显增强；二是产业结构的现代化，现代服务业得到充分的发展，在产业结构中的比重趋于优化。加快现代产业体系建设与加快城市建设是互为基础的、相互促进的。美国的犹他州，本属于传统的农业和矿业区，工业不发达，20世纪90年代以前经济发展缓慢，在美国各州中相对落后。1991年后，犹他州迅速崛起，成为全美最大的软件业基地。其主要原因就是州政府加大了城市建设的投入，改善网络、机场、高速公路等硬件环境，重视发展教育，并努力营造有吸引力的生活环境。国内苏州、深圳、上海浦东都是随着新城的建设，现代产业体系出现了飞速的发展。因此，按照非均衡发展的规律，环京津地区和大中城市应该成为现代产业体系建设的先导区域，逐步把符合城市功能定位的现代产业做强做大，加快产业聚集和人口聚集，形成城镇化建设和现代产业体系建设相互促进的局面。

### 四、配套措施与政策建议

建立城市的数字化管理系统是实现城市精细化管理的基础，要运用现代信息技术，整合不同城市管理部门的资源，加快建立城市共享互动的数字化管理平台，提高城市的现代化管理水平。

**（一）进一步解放思想，加大机制体制创新力度**

解放思想就是使我们的主观意识更加符合客观实际，更加符合经济社会发展的规律，使我们的发展更加自觉地符合科学发展、和谐发展的客观要求。

一是加大改革的力度，转变政府职能，提高行政效率。转变政府职能是为了更好地履行政府职能，真正实现由管理型政府向服务型政府转变。特别是开展好"干部作风建设年"活动，切实转变工作作风，提高工作效率。

二是进一步优化行政区划。从河北实际出发，进一步加大大城市撤县改区的力度，推动扩权县和扩权镇的工作，优化曹妃甸新城、渤海新城与原有行政区划的关系，探索实践"城中村"集体经济的有效实现形式。

三是探索城乡统筹的新机制。一要建立统筹城乡的社会政策，加快户籍制度改革，逐步建立统筹城乡的公共服务均等化的体制机制，真正为农民转变成市民提供政策保障；二要建立统筹城乡的产业政策，城市产业要与城市功能相适应不断聚集升级，农村产业也要向城镇和工业小区聚集，形成特色产业集群。有了产业的聚集，才能有人口的聚集，最终做到统筹城乡。

**（二）培育一支懂经济、懂城市、会管理、高素质的管理队伍**

城市建设既需要精细化的科学调度、确保工期，更需要严格管理确保建设项目的高质量。因此，要进一步加强市县主管规划、城建管理队伍的专业培训，完善考核、激励机制，建立一支责任心和专业水平都较高的管理队伍，提高驾驭加快推进城镇化建设步伐的能力。

**（三）强化城市管理的数字化和法制化水平**

建立城市的数字化管理系统是实现城市精细化管理的基础，要运用现代信息技术，整合不同城市管理部门的资源，加快建立城市共享互动的数字化管理平台，提高城市的现代化管理水平。城市管理的法制化一方面是通过"立、改、废"加快完善城市规划建设管理的政策法规体系，避免制度阻碍和制度缺失。另一方面，就是强化依法进行城市规划、建设和管理。

**（四）加强城市文化基础设施建设和科技支撑能力建设**

文化设施反映了城市的经济文化水平，代表着城市的现代文明和建设成就。但就总体而言，各设区市作为区域性的文化中心，缺乏一大批独具特色、规模相当、装备先进、品位高雅、功能完善、能够体现城市文明程度和现代化水平的文化设施。当前，要抓住"三年大变样"的有利时机，加快我省文化设施专项规划工作。既要着力打造具有燕赵特色的城市文化地标性建筑或建筑群落、街区；又要按照城市人口和服务半径，具体规划专业博物馆、社区图书馆、文化馆、影剧院等公共文化设施，完善公共文化服务体系。

强化城市建设规划和建设中的科技支撑能力，一要下大力打造我省城市科技创新团队。二要运用新的规划理念、新的施工方式、新的建筑材料，实现"三年大变样、科技大发展"。

（本文作者系时任河北省社会科学院党组副书记、副院长，研究员）

© 承德武烈河畔

# 城市化和统筹城乡的关系与实施路径

叶裕民

城市化是一个国家、一个区域、一个城市产业结构调整和升级的过程，是创造财富的能力不断提高的过程；是居民消费水平不断提高的过程，是拉动经济增长的过程，是一个国家现代社会结构形成的过程。城市化的质量首先以城市现代化为前提，然后把城市的文明向农村推广和扩散，最后达到城乡一体化。现代第三产业快速发展将引致第二次劳动力转移浪潮的持续推进，从而为非农产业扩大就业提供广阔的市场前景，真正做到"人力资源优势得到充分发挥"。而非农产业就业机会的快速扩张，农村人口大量而相对稳定地进入城市，将有力地促进中国的城市化进程。

## 一、城市化

城市化是农村人口不断地进入城市，城市人口不断增加，城市人口的比例不断提高的过程，这是城市化最为直观的一种表现形式。更为重要的是，城市化有它的经济内涵、社会内涵和质量内涵。

经济内涵。城市化是一个国家、一个区域、一个城市产业结构调整和升级的过程，是创造财富的能力不断提高的过程。城市从产业的角度来说，就是非农产业的集聚地，所以城市的发展过程就是非农产业发展的过程，而在工业化的过程当中，非农产业的效率一定是高于农业的，城市化就是高效率产业的聚集，就是有更多的人口从低效率的产业转向高效率的产业，从创造很少财富到创造更多财富的过程。

社会内涵。为什么要城市化？从社会进步的角度来说，是因为城市化是居民消费水平不断提高的过程，是拉动经济增长的过程，是一个国家中产阶级形成并占主体的过程，是一个国家现代社会结构形成的过程，是构建和谐社会的过程。这是城市化的社会内涵。城市化是让越来越多的人参与到工业化过程当中，享受于其中，得到更多的收入，从而构建一个稳定的社会结构，促进社会的和谐稳定。

质量内涵。城市化和任何经济社会现象一样，都有质量和数量两个方面。城市化的数量表现在城镇人口比例的提高，就是通常讲的城市化率。城市化的质量表现为城市现代化与城乡一体化的统一。城市化的质量首先以城市现代化为前提，然后把城市的文明向农村推广和扩散，最后达到城乡一体化。

## 二、城乡一体化

城乡一体化在中国当前有四大内涵：

1. 经济一体化。就是乡村的产业效率和城市的产业效率趋于一致，现在的日本和美国，第一产业效率和第二产业效率相差是1.3–1.5倍，中国是5–7倍，所以中国要发展，农村人口就要不断地进入城市。

2. 社会一体化。以城乡产业效率趋于一致为前提，不断缩小城乡居民收入差距，使城乡居民收入水平趋于一致。

3. 制度一体化。仅仅农民的收入提高了还不够，生活质量也必须同步提高，要有和城市一体化的基础教育、一体化的公共医疗、一体化的道路交通设施、一体化的环境等。

4. 城市内部二元结构的淡化和消除。对于中国而言，在城市化的过程中，由于种种原因，城乡二元矛盾不仅在空间上体现为发达的城市和落后的农村之间的矛盾，还体现在城市内部城镇居民和农村居民的矛盾，也就是户籍人口和农民工之间的矛盾，所以我国的城乡一体化还包括城市内部二元结构的淡化和消除。

### 三、中国城市化发展阶段

第一阶段（1952-1978）。城市化的基本特征是，城市化发展缓慢和停滞，有工业化而无城市化。

第二阶段（1978-1992）。这个时期的特点是强工业化和弱城市化，工业化和城市化的推进，工业、制造业的增加值比例逐步提高，但是这些产业没有聚集到城市，城市经济的本质特征是聚集，有聚集才有城市，聚集少就是弱城市化，聚集多就是强城市化。

第三阶段（1992-2002）。经济效益。这是统筹城乡高效有序发展的关键。"三个集中"，一是产业向产业集中发展区集中，核心还是向城市聚集；二是人口向城镇集中，这个人口包括农村劳动力或者农民工及其家属；三是土地向种田能手和农民企业家集中；四是实现农村的产业现代化和为农民生活提供全方位的均等化服务，这是统筹城乡发展的落脚点。统筹城乡发展四步走战略，前三步实际上是属于城市发展的范畴，最后一步是乡村建设与发展的范畴。从这个角度来说，城市化进程的健康推进是统筹城乡发展的逻辑起点。

城市化的质量首先以城市现代化为前提，然后把城市的文明向农村推广和扩散，最后达到城乡一体化。

现代第三产业快速发展将引致第二次劳动力转移浪潮的持续推进，从而为非农产业扩大就业提供广阔的市场前景，真正做到"人力资源优势得到充分发挥"。而非农产业就业机会的快速扩张，农村人口大量而相对稳定地进入城市，将有力地促进中国的城市化进程。

城市化问题大家较为熟悉，但城市化的内涵是什么，什么样的城市化是一个科学的、健康的、完全意义上的城市化，仍然需要进一步探索研究。城市化是一个社会结构变化的历史发展过程，也就是说是一个国家或地区由传统的农业社会向现代城市社会发展的过程，是一个社会结构、技术结构、人口结构、空间结构发生深层次的调整、变革的过程。这个阶段，改革的重点由农村转移到城市，城市开始大规模扩张。城市化在这个时期开始成为政府追求的目标，政府主导的自上而下城市化进程大规模推进。

第四阶段（2002–　）。这一阶段开始推进统筹城乡发展。我国的政策导向有了大的转变：第一是落实科学发展观，不再走强工业化、弱城市化的道路，而是推进新型工业化与城市化相互促进，城乡全面发展；第二是空间结构上走以中心城市带动，以城市群和城市化地区为主要空间载体的城市化道路。这一轮城市化是自上而下和自下而上互动的过程，共同推进统筹城乡发展。

### 四、城市化进程的健康推进是统筹城乡发展的逻辑起点

统筹城乡发展怎么走？要坚持四步走战略：

第一步，城市通过新型工业化扩大就业，为农村富余劳动力提供发展空间，这是统筹城乡发展的起点。

第二步，通过城市的户籍制度改革与创新，使进入城市的人口及其家属成为真正的城市居民，这是统筹城乡发展的核心问题。

第三步，"三个集中"谋求规模发展依托的空间结构。

新型工业化应优先发展现代装备产业。现代装备产业是新型工业化的先导产业，是以信息化带动工业化的关键。中国自上世纪90年代以来，进入工业化的中期阶段，而这一阶段的主体产业有两个：一个是以汽车为主体的高档消费品，一个是装备制造，这是工业化中期阶段的核心产业。进入工业化中期以来，我国以汽车为主体的高档消费品已经先行一步了，一条腿已迈得很远了，但是另一条腿还很落后，这一条腿就是装备制造。所以，我们的新型工业化要以现代装备产业作为主导产业，使其优先得到大力支持和发展。装备产业是生产设备的产业，是降低我们千千万万个企业技术进步成本的产业。为什么这样说？中国的市场化要通过企业提高市场竞争能力，第一点就是更新设备，用现代设备来替代传统设备。中国现在60%以上的设备都靠进口，而进口对企业来说成本非常高，所以装备制造业是中国必须发展并且要优先发展的一个产业。

现代第三产业快速发展将铺就新型工业化与城市化的协调发展之路。服务业的快速发展，将促进新型工业化与城市化的发展。但是，现代服务业和传统服务业又有很大的差别，差别在哪里？在于现代服务业的高效率，在于它的高

回报。只有让大量的劳动力都普遍地进入高效率的产业，包括现代制造和现代服务业，才能够为国家创造更多的财富。日本的产业效率是9万美元，上海是中国产业效率最高的城市，是9万元人民币，这个差别很大。正因为日本产业效率是9万美元，所以其仅1.3亿人口就成为世界第二大经济体。我国13亿人口，如果劳动力都能顺畅地进入城市，培育一个庞大的现代产业体系的话，所创造的财富，就会不可想像。正因为如此，现在全世界没有一个地方不关注中国的发展。现代第三产业快速发展将引致第二次劳动力转移浪潮的持续推进，从而为非农产业扩大就业提供广阔的市场前景，真正做到"人力资源优势得到充分发挥"。而非农产业就业机会的快速扩张，农村人口大量而相对稳定地进入城市，将有力地促进中国的城市化进程。

### 五、城市化健康发展的制度路径

城市化健康发展还需要一个合理有效的制度路径。这个路径是什么？就是加强制度创新，转变政府职能，构建现代产业发展的基础，推进社会和谐与进步。

产业发展的基础是什么？（1）发达的基础设施，就是水、电、路等；（2）发达的社会基础设施，就是医院、学校、环境等；（3）良好的人居环境；（4）加快户籍制度改革；（5）构建公共住宅与设施；（6）积累基于教育与培训的丰裕人力资本；（7）构建基于诚信的社会网络资本；（8）逐步推进城乡公共服务均等化。

只有把这些事情做好了，才有可能实现产业结构的升级，促进现代产业的发展，从而推进城市化健康发展。而这些都需加大制度创新力度。

在这里，要强调一下人力资本投资的重要性。现代产业和传统产业最大的差别，就是劳动力不同。在未来的产业中，廉价劳动力不再是优势，人家不需要廉价劳动力，你再多，人家不需要。所以，发展现代制造业和现代服务业，必须要有高素质的人才，这就需要做好人力资本的积累。

鉴于此，必须要做基于人口迁移的一些制度改革，首先要做的就是户籍制度的改革。要大大降低省、市、县之间的人口迁移的门槛。

### 六、对河北城市化路径的几点思考

河北的城市化进程，与其他的地方相比，有自己的一些特点：

第一，京津冀区域城市化动力以自上而下为主，区别于长三角和珠三角。

京津冀是继珠三角和长三角之后，第三个经济增长极。但经济的发展有别于长三角和珠三角，长三角和珠三角是一种自下而上的发展模式，而京津冀一直以来是自上而下的发展模式。长三角自从隋唐以来，就是一个以贸易谋发展的地区，它的所有社会群体和居民商业精神非常强烈，有一点经济空间就钻进去，加上上海近代以来商业气息要比北京、天津浓厚得多，所以长三角的商业产业链很容易相互融合发展。从这个角度上讲，自下而上的发展力量强于自上而下的发展力量。

第二，京津冀区域的中心城市产业扩散能力较弱，河北主要城市需要按照一般城市发展的规律，构建城市竞争力。

京津冀区域的中心城市产业扩散能力比较弱，使得河北的大量城市不能依赖京津发展。京津不像上海，上海一发展起来，产业链不断地升级，不断地往外扩散产业，产业链不断向外延伸，对区域的辐射作用非常强大。而京津不同，各种因素致使其对周边的带动作用要小很多。所以，河北的城市大多还是要按照城市发展的一般规律去发展，去构建自身的现代产业体系，打造自己的核心竞争力。当然，河北的发展还必须与京津合作，比如通过建立一个京津冀公共财政基金来实现协调发展。

第三，河北面临着第二轮国际产业转移，要赢得机会，必须大幅度改善投资环境，全面、配套夯实产业基础。河北从现在开始，应以"三年大变样、推进城镇化"为主体，推动新型工业化。要知道，我们现在面临的是第二轮国际产业转移，如果想吸引国际资本的话，关键要有优越的发展环境，要为国际资本提供好的公共服务。

（作者系中国人民大学城市规划与管理系主任）

◎ 廊坊晨曦

# 城市建设中的文化和文化产业问题

谢禄生

河北省的"三年大变样"工作，提升城市品位是一个重要目标。这是一个文化层面的课题。本文拟就城市建设中的有关文化问题作一探讨。

## 一、城市的品位决定于它的文化含量和审美价值

一位学者说过，任何建筑及其风格都出于实用和审美的原因，我很赞同这个观点。迄今为止，虽然没有任何一座城市是纯粹为了审美而建造的，但也没有任何一座城市放弃过对审美的追求。随着经济和科技的发展，人们对城市品位的追求日益强烈。不要说发达国家，就是在中国各地走一走，也会感到这股强劲的潮流。城市的审美价值来源于城市的文化。德国著名的历史哲学家斯宾格勒说："一切伟大的文化都是城市文化"。城市好比"文化的容器"，古今中外的多种文化在这里碰撞、搅拌，形成了具有地方特色和时代特征的区域文化。这种文化要通过设计者、建筑者反映到城市建设中，其反映和表现的程度决定着城市的品位。

一座城市建设得好不好，主要看两条：一是功能，二是品位。前者侧重实用价值，而后者侧重于精神价值、审美价值。城市建设快速发展的时期，也是最容易出问题的时期。近些年，人们对城市的建设多有议论，其中交通堵塞、

活动不便是功能问题，千城一面、水泥森林、污染严重是品位问题。品位问题的核心是缺乏个性、缺乏变化、缺乏精细、缺乏历史的厚重感。一直以来，我们对城市品位的研究，无论是实践层面，还是理论层面，都比不上对城市功能的关注度。当然，这绝不是说，目前的城市功能不需要研究和完善了，但是品位更需要研究。

什么是城市品位？目前还没有人给出一个定义。功能是物质层面的，比较实；品位是精神层面的，比较虚。虚则虚，但它是客观存在，难以言传但不难意会。就像人一样，既要四肢健全、脏器健康、代谢顺畅，又要整体协调、五官端正，最好是有神采、有气质。概括地说，功能的核心是"用"，品位的核心是"美"。不是所有的城市都是美的，也不是城市的各个部分都是美的，美不美，每个成熟而正常的人都能感觉出来。游历独具匠心而建造起来的历史文化名城和现代都市，它们精湛的建筑艺术会使我们赞叹，它们诉说着的动人史诗会催生我们的激情，它们千姿百态的形态会唤起我们对生活的热爱。一座城市的品位，虽然可以由专家们去评判和论证，但最终要取决于市民和顾客的感受，取决于它能够给人们带来多少愉悦和美感。

人们的生活质量提高了，需要城市更有品位；城市的发展也需要品位作支撑。有品位的人不会选择没有品位的城市。提升城市品位是需要投入的，甚至是大投入，但这是一种长期的有效益的投资，它的回报也是高位的、持续的。

改革开放以来正反两方面的经验，使人们对这个问题的认识越来越明晰。与此有关的研究，比如城市的特色、个性、形象和品牌等，讨论得越来越热烈，这些都是与城市品位有关的问题。这些问题的讨论已经深入到操作层面，比如哈尔滨、南昌、柳州的广元、青岛的黄岛、台州的路桥区都搞了城市风貌规划（称设计更为准确），我省的邢台也开始了这方面的探索。虽然这样的规划还不能完全解决品位问题，但已经突破了传统的规划理念。"三年大变样"是对这种落后的一种文化觉醒。它的深层次意义在于，面对加速工业化和快速城市化的现实，城市建设应该做出一个什么样的回应。

## 二、城市建设文化及其产业需要研究和提高

城市是"凝固的音乐"、"流动的旋律",是"最昂贵的艺术品",这些著名的论断都带有比喻的意味。但城市的很多元件是艺术品,城市的建筑和整体越来越具有艺术品的品格,这是共识,也是建筑实践发展的一种趋势。

按照权威的分类,艺术属于核心层文化。艺术又可分为视觉艺术、听觉艺术和既用眼又用耳欣赏的综合艺术。建筑艺术与书画一样,属视觉艺术。在市场经济中,这些艺术或艺术品,大部分都会作为商品用于人们的生活,从而形成一类产业。建筑艺术设计和制品业是一个多层次、多元化的庞杂系统,目前其多数产品包括服务产品已经进入市场,但它们的商品化形式和程度各有不同。这个市场的需求如何,结构如何,我们试从城市建设审美需求的角度,做一个粗略的分类:

### (一)城市饰品的设计与制作

城市饰品包括雕塑、花坛、喷泉、纪念碑、亭台楼阁等。最典型的城市饰品是城市雕塑,它和其他商品一样,要经历设计、制作、销售的完整过程。但雕塑与建筑没有很明确的界限。如美国的自由女神像,是一个巨大雕塑,但它内部有建筑空间,人们可以走进去领略周边风光。很多城市的电视塔也是这样,建筑变成了放大的雕塑,雕塑成为缩小了的建筑。城市的公共用品,如广场和街道的华灯,虽然它有使用的功能,但实际上已经成为艺术品。最近省会裕华路上安装的华灯,每具4万元左右,在这个价格中,艺术价值超过了使用价值。这种实用品向艺术品的过渡,也表现在语言表达上,过去叫"灯具",现在称"灯饰"。总之,在建筑艺术的设计和制品中,饰品是最具商品一般性特征的。

### (二)城市建筑的设计及配套配件饰品

建筑是城市的元素。建筑密度、体量和艺术感的不同,是城市与乡村区别的重要特征。古今中外最优秀的建筑作品绝大多数在城市,并成为历史文化的标志、城市的标志,成为人们最优选的访问目的地的理由和城市长久而持续的发展动力。比如,罗马斗兽场的硕大建筑能够产生震撼人心的强大和力度感;北京故宫的道道厚重的大门、层层石砌的台阶和金碧辉煌的大殿,给人以崇敬

和神秘感；悉尼歌剧院使人浮想联翩，迪斯尼乐园传递着快乐情绪。这些僵硬的建筑物似乎也有情感，不仅使人开阔视野、赏心悦目，还能动人心弦、纯洁心灵。这种感受，不是由一个单体建筑造成的，而都是由一个建筑群以及和谐的周边环境造成的。业内人士介绍，城市建筑的设计，要遵循统一、变化、协调的原则，要仔细推敲尺度、比例、序列、高低、体型、质感以及韵律。这样的工作，在许多城市和城市的居住小区、商业小区、工业小区还很缺乏。在一些城市的繁华地带，甚至还搞出了稀奇古怪、张牙舞爪的建筑，就像漂亮的脸蛋上长出的疮疖。因此，城市的建筑需要环境效果设计，同时也需要建筑配套配件饰品的发展，比如栅栏、门饰、墙饰以及房檐屋顶装饰等等。最豪华的建筑装饰，莫过于希腊神殿，它的柱子就是人体雕塑，浮雕就是建筑的墙面。

### （三）城市景观的设计与配套饰品

建筑占用了空间，又产生了新的空间。建筑的排列形成了道路，道路的隔离造成了区域，道路的交叉形成了节点，而节点之处大都建有标志。这些建筑相围而形成的空间，都是公共空间或公共场所，是给人留下印象和记忆最深的地方。因而，建设城市都注重对这些空间设计，使之成为城市的风景线。因此，很多人把建筑艺术也称为"空间艺术"。按照一般规律，人们进入一个城市，总是选择少数有代表性的事物和景观作为感觉对象，重点往往是主要街道、商业中心、公园、广场以及重点建筑，节点性区域以及重要建筑也都设在交通便利的地方。这些城市景观能否给人留下深刻印象，取决于它给人的刺激强度。我们到了一个地方，如果感觉"似曾相识"，缺乏新奇和触动，就难以留下记忆，游历的兴趣和向往之感也会悄然消失。因此，城市的空间需要雕琢，城市的景观需要创意。重点区域要重点创意，一般区域也要尽量创意。创意的实现，综合设计和必要饰品的装饰都是不可少的。

### （四）城市形象的设计及塑造

城市是一个庞大的画卷，在人们的视野中不可能一览无余。城市的雕塑、建筑和景观，形象比较具体，看得见、摸得着，而城市的整体形象就难以把握。城市越大具象性就越弱，人们只能根据一些突出的点、线、面的特征进行抽象性认识，从而变成一种意象。意象的焦点，主要的有城市的天际线、城市的色调和城市的标志物。城市的天际线是城市形象与天空接界的轮廓线，如上海外滩建筑群的天际线就非常优美，当地人和外来人都很欣赏它。这条天际线，从上世纪30年代形成至今没有变化过。城市建筑都有色彩，很多建筑物的聚集就形成一种色调。色调的形成与城市的历史和城市的性质有关。色调由多种颜色组合而成，但这种组合不是没有规律。色调的冷暖、明度的高低和颜色的纯度，都体现着地方的个性。比如，苏州多用黑、白、灰，比较淡雅；北京多用灰、红、黄，比较庄重；石家庄确定以米黄和微红作为主色调，会显得比较有朝气、有活力。城市标志物是识别城市的符号，也是城市形象的焦点。城市标志物的特征，一是体积大，有强烈的视觉效果；二是有个性，便于进入深层记忆；三是永久性保留，能够产生亲和感。凡是著名的城市，都有自己的标志物。一个城市留下了不同时代的标志物，就像让人们看到了它历史前进的脚步。没有标志物的城市，或者标志物不能被认同的城市，在一定程度上说明了这个城市缺乏鲜明的区域文化，人们对这个城市的印象与感受会是模糊和冷漠的。

以上对城市审美需求勾勒了一个粗略的框架。在没有深入调研的情况下，还不能提出对潜在要求的预测和当前供需状况的判断。但可以肯定的是，工业化带来的城市化已经进入快车道，城市的快速成长期大概不会低于二十年。在这个过程中，新农村建设的任务还会接踵而来。随着财政收入、企业收入和人民收入的提高，城市审美需求也会不断增长。因此，城市建设的质量和艺术品格逐步强化是一个必然趋势。我们的先辈为后人留下了他们的杰作，作为处于改革开放和经济社会飞跃发展伟大时期的一代，是不是也要留下反映这一民族振兴时期的历史纪念呢？这里的难题是，城市的功能都是一样的，但世界上没有一个相同的城市。城市的设计和建设必须始终回答好两个问题：一是"我是谁"，二是"我是不是我"。这就要求加强对城市文化的研究、挖掘、梳理和提炼，并变成建筑以及空间组织的具体形式。这是一个艰苦细致的工作，需要群众参与，需要多方面的专家参与，需要有人专注于这项事业。对此，政府应该给予支持。

在上面的分析中，还隐藏着一个问题，即服务于城市建设的艺术设计和艺术制品的生产中，有的属于事业，有的属于产业，有的属于文化产业，有的也可列为建筑产业。这个问题，一方面需要探索，另一方面也要依靠实践的发展。较为宏观的设计和建设标准必须由政府来管控，但实际设计和艺术品的生产则应该形成更多的市场主体，并给以规范、引导或整合，形成更深层次的社会分工和市场体系。与房屋的内装内饰相比，外装外饰的市场不可谓不大，门类也不可谓不多，但外装比内装的市场发育程度要逊色得多，这自然会影响这一产业的形成与发展。建筑艺术设计和制品业创新不足、流通不畅，可能是制约城市品位提升的一个重要因素。

### 三、推动文化产业的发展不要从概念出发

上面提到，建筑艺术制品属于文化产业还是建筑产业，界限不够清楚。其实，文化产业自身还不是一个很明确的范畴，不同的国家和地区对它的称谓也不一致。中国、澳大利亚、加拿大、芬兰、新西兰称为"文化产业"，英国、新加坡、哥伦比亚、香港称为"创意产业"，台湾称为"创意和文化产业"，而北京市在"十一五"规划中称为"文化创意产业"。这些称谓指向相同，但所含门类不完全一样。国家统计局2004年公布的文化及相关产业统计的分类，基本上是以狭义的文化为主，比如它把设计类的经营活动列为文化产业，但又明确不包括工业设计，而在称为"创意产业"的国家，这是非常重要的一项。工业设计的知识含量很高，对于推进工业的上档升级起着至关重要的作用，可以算作知识性产业，而科技知识又被普遍认为是核心层文化。我国的不少专家比如郑新立就有把工业设计列入文化创意产业的专论，今年7月5日《经济日报》的"文化周末"专栏整版讨论的就是工业设计，它的栏目标题就是"文化产业新看点"。

可见，关于文化和文化产业概念的讨论还在进行之中，何时有个统一说法难以判定。造成这种状况的一个重要原因，是产业沿着细分和融合两个方向并行发展，是一个世界性现象。细分使新的产业不断产生出来，融合又使产业的界限变得模糊。农业早已不仅仅是种植业和养殖业，农产品加工业占了大头，欧洲的一些国家就将这一块称为"农业工业"。工业已经把自己的触角伸进了

农业和服务业，我省一些工业集团的物流产值已经超过了总产值的一半，但按传统还是要统计到工业栏目，过去以提供服务产品为主的机构经营起了实业也不是什么新鲜事。所以，推动文化产业的实际发展，只要方向正确，就不要受一些概念的禁锢，也不要受统计在哪个门类的影响，两个积极性总是比一个积极性好。从发展文化事业到发展文化产业，文化走近了经济。文化不仅要发挥文化和政治的功能，还要发挥经济的功能。文化产业是经济的一部分，又是支撑其他经济门类发展的要素。党的十七大用醒目的标题提出"推进社会主义文化大发展大繁荣"，文化产业应该以更为广博的胸怀，在经济社会的发展中发挥自己应有的功能作用。

（本文作者系河北省政协常委、中国城市发展研究院专家委员）

# 河北推进城镇化需要重点把握的问题

邢天河

城镇化的空间演变可分为两种，即集中型城镇化和分散型城镇化。城镇群是城镇化发展到一定阶段的产物，是当前推进城镇化发展的主要形态，将是河北促进城镇化快速发展的关键和突破口。

加快城镇化进程是改善民生的重要途径，改善民生是"三年大变样、推进城镇化"的出发点和落脚点。在现代社会，做强做大城市可以有效地解决就业、生活、社会保障等一系列民生问题。

## 一、科学把握城镇化发展速度

### （一）世界城镇化发展速度

1. 世界城镇化发展历程及发展速度。20世纪前50年世界人口增加了52%，城市人口增加了230%，1950年城市人口比重提高到29.1%，1980年达到39.2%，2000年达到47.1%，2005年达到49.2%，2007年世界城镇化的平均水平已达50%，从1950年至2005年的几十年发展历程中，世界城镇化水平年均增长0.37个百分点。纵观1950–2005年近50多年的世界城镇化发展历程，年平均递增0.37个百分点。

2. 日、韩城镇化发展速度。日本的城镇化进程，仅用了50年时间，就完成

◎ 邯郸——崛起的新城

了欧美国家100年的城镇化进程。作为新兴的工业化国家，韩国的经济腾飞也伴随着空间高度集聚的城镇化发展。韩国在30年左右的时间内经历了高速的城镇化过程，成为高度城镇化的国家。20世纪60年代至80年代是韩国城镇化快速发展阶段。1960–1985年期间，城镇化水平年均增长1.84个百分点，此后城镇化步入后期缓慢发展阶段。

### （二）中国城镇化发展速度分析

新中国成立以来，我国的城镇化水平由1949年的10.64%，增至2008年的45.68%，增长了35.04个百分点，年均增长0.59个百分点。

2006年，珠三角城镇化水平从1978年的16.26%，增长到79.6%，年均增长2.26个百分点。1982年长三角城镇化平均水平为25.9%，到2000年为52.6%，2007年达到64.4%。1982–2007年的25年间年均增长1.54个百分点，特别是进入21世纪以来，长三角城镇化发展提速，2000–2007年年均增长1.69个百分点。

### （三）河北省城镇化速度分析

从新中国成立至今的60年发展历程来看，河北省城镇化水平由1949年的6.71%，增至2008年的41.9%，增长了35.19个百分点，年均增长0.6个百分点。

根据我国的发展条件，城镇化水平在达到60%左右后，可能进入后期缓慢增长阶段，不会像西方国家在达到70%才进入后期缓慢增长阶段。河北的城镇化发展很有可能会出现类似的过程。在对国内外城镇化发展历程分析的基础上，同时结合对我省未来经济社会发展的基本把握，给出两个城镇化增长速度方案：

快速增长方案：到2020年，年均增长1.6个百分点，城镇化水平达到61%；2020–2030年年均增长1个百分点，2030年城镇化水平达到71%。

正常增长方案：到2020年，年均增长1.3个百分点，城镇化水平达到58%；2020–2030年年均增长0.8个百分点，2030年城镇化水平达到66%。

河北应在保证实现正常增长方案的基础上，通过积极努力，争取实现快速增长方案。

## 二、积极探索城镇化发展道路

在城市发展过程中，先以集中型城镇化为主，然后进入分散型的郊区化，再进入分散的更远的逆城镇化，然后回流到城市中心的再城镇化。目前，我国所处的发展阶段以及经济发展水平，决定了区域城镇空间布局形态，就整体而言，仍然处于集聚阶段，非农产业和人口仍然向城镇集中，尤其是向大中城市集中的速度呈现出快速增长态势。

城镇群成为城镇化加速发展的主力军。一个国家或地区走向现代化的标志之一是具有竞争力的产业和高度的城镇化，而城镇群正是竞争性产业和城镇化的有机结合和统一。

**河北省城镇化进程**

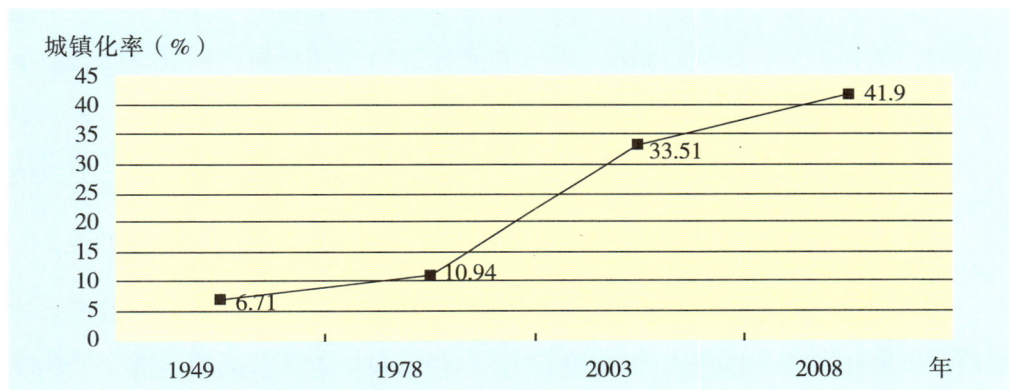

## （一）培育壮大城镇群

1. 全省要构建三大城镇群。城镇群是城镇化发展到一定阶段的产物，是当前推进城镇化发展的主要形态，将是河北促进城镇化快速发展的关键和突破口。为深入实施城镇化战略，要将培育壮大城镇群作为推进城镇化的重点，依托石家庄、唐山两大省域中心城市，充分发挥环京津的区位优势，大力整合省域优势资源，促进更大范围的协调发展，积极构筑冀中南、冀东、环京津三大城镇群。三大城镇群的发展应充分利用两环优势，努力将区位优势转变为发展优势。

2. 以设区市主城区为中心，构建大都市城镇群。以设区市为代表的中心城市是区域综合实力和竞争力的集中体现，在区域经济发展与城镇化发展过程中发挥着重要的龙头带动作用。要大力统筹大都市城镇群的城乡和区域发展，统筹中心城区与毗邻城镇、产业集聚区的协调发展，创造条件做大做强中心城区。在统一规划的基础上，统一产业布局，统一城乡建设用地管理，统一基础设施建设和运营，统一社会管理和公共服务。

### （二）加快设区市发展速度

河北省设区市普遍存在着规模小、实力弱、辐射带动能力不强的问题，今后应把扩大主城区规模，增强实力和竞争力，提升城市品质作为做大、做强设区市的主要任务。

一要加快中心城区集聚，扩大规模，增强辐射带动能力。充分发挥区域统筹作用，按照做大、做强、做优、做美的要求，合理拓展城市发展空间，适度扩大主城区规模，进一步增强辐射带动能力；二要走新型工业化道路，夯实城市发展基础；三要提升城市品质，彰显城市魅力，塑造城市特色，提升城市建设的文化内涵。

### （三）提升县级市建设质量

一是高标准搞好城市规划，大手笔谋划和构筑新型城市框架。在城市总体规划指导下，对中心区和重要标志性街区及出入口，要编制高水平的修建性详细规划和城市设计，为提高品质进行规划引导。二是高质量搞好城市建设。

### （四）提高县城和小城镇集聚度

要把县城作为本县承载产业和人口集聚的主要载体，着力完善县城功能，壮大县城实力，不断提高县城的产业集聚力与人口吸纳力。发展小城镇，对于完善城镇体系、拉动经济增长和解决"三农"问题，具有重要的作用。但是，发展小城镇要突出重点，注重质量。针对河北建制镇数量多、规模小、发展基础较差的特点，要抓好重点镇建设，加大基础设施投入，扩大规模，提高集聚度，营造吸纳产业和人口的良好环境，为一般镇的发展提供示范作用。

### 三、加强民生工程建设

加快城镇化进程是改善民生的重要途径，改善民生是"三年大变样、推进城镇化"的出发点和落脚点。一方面，城市是人们享受现代文明的重要场所，通过加快城镇化进程，迅速改变城市的生活质量和生存环境，可以直接提升市民的幸福指数。另一方面，就业乃民生之本，在现代社会，城市已成为拉动就业的主战场，做强做大城市可以有效地解决就业问题。

#### （一）促进就业

创造更多的就业机会、吸纳剩余劳动力，是城镇化的重要任务。从扩大就业的角度看，河北省城镇化建设应注重以下几个方面：

一要建立合理的城市产业体系。产业是城市的发展基础，在产业结构选择上，应注意兼顾劳动密集、资本密集、技术密集产业的协调发展与合理布局。其次，要大力发展第三产业，特别要着重发展现代服务业，将第三产业作为城市扩大就业、吸纳劳动力的重要领域。二要以工业化推动城镇化进程。从扩大就业出发，在以工业化推动城镇化过程中，要特别强调发展中小企业。同样的投资，中小企业提供的就业人数是大型企业的2倍或3倍，发展中小企业对于提供更多的就业岗位具有重要作用。三要建立城乡统一的劳动力市场，充分发挥市场对劳动力资源配置的导向作用，扩大城镇化建设转移农村劳动力就业的规模。

#### （二）建设住房

住房是城镇居民的基本需求，推进城镇化进程中，如何解决每年上百万进城人口的住房问题，是一项艰巨任务。首先，关注中低收入家庭的住房，积极鼓励中低价位商品住房建设，以满足现有住房条件差的居民改善生活条件的需求。其次，搞好经济适用房、廉租房建设，保障农民工及新进城人员等低收入群体和困难群体的基本住房需求。第三，在充分挖掘现有用地潜力的基础上，保证新增住房建设用地需求，活跃商品房市场，促进住房消费。第四，加强城市旧区改造，改善户型不合理、环境质量差、配套设施不完善的旧住区住房环境。最后，要在逐步提高居民人均居住面积的同时，更加注重提高居民的生活质量，构建和谐人居环境。住区开发在规划、设计上要切忌一味追求建筑面积的扩大，应把建设重点放在居住环境、完善基础设施配套、搞好社区管理等方面。

### （三）改善环境

城镇是经济社会发展的载体，良好的人居环境、完善的基础设施和公共服务设施，是促进城镇经济发展、增强城镇吸引力的重要基础和条件。改善城镇环境，需做好以下几点：第一，加强城镇环境治理，严格落实环境保护要求，建设环境友好型城镇。第二，加大城镇的绿化力度，完善绿化类型，积极构筑以生态防护林网、交通廊道、河渠两侧防护绿地等线状景观要素为纽带，串联城市公园、湿地、水域等面状景观的城镇景观格局。第三，城市管理部门应当着力搞好道路、公交、供水、排水、环卫等市政公用设施的建设、改造和维护。第四，通过加强社区物业管理、完善配套设施、加强环境综合整治、提高小区绿化美化等措施，对旧有社区进行改造，切实改善旧有社区居民的居住条件和生活环境，促使城镇面貌进一步整洁、卫生、美观、文明。

### （四）注重社会保障

通过制度创新，加强城镇化进程中的社会保障，应从以下四方面抓起：一是建立"最低生活保障"体制，积极建立失地农民养老保障体系，从根本上解除农民对失去土地后养老、医疗等问题的担忧，以减少因此而产生的城镇化阻力。二是对进城人员购买或者租赁城镇住房给予政策支持，对在城市有稳定收入、有固定住所的农民工给予市民待遇。三是为农民工建立相应的社会救助制度，包括农民工遭遇天灾人祸时的紧急救济、特殊情形下的贫困救助、合法权益受损或遭遇不公平待遇时的法律援助等。

（本文作者系河北省城乡规划设计研究院院长、教授级高级规划师）

◎ 保定军校广场

# "三年大变样，推进城镇化"的重要抓手

武义青　田学斌

实现社会主义现代化，城镇化水平的持续提高是重要标志。增强地区经济竞争力，相当长时间内主要表现为城市经济社会发展水平的竞争。因此，通过实现城镇面貌三年大变样，加快推进城镇化建设，不仅是劳动力向非农产业和城市转移的问题，而且是打造城市经济的实力、活力、竞争力，提高城市现代化水平，促进河北沿海强省建设的重大发展战略问题。

## 一、实现城镇面貌三年大变样不是一个活动，而是加快推进全省城镇化的重要举措和抓手

"三年大变样"是推进城镇化的重要抓手。实现"三年大变样"，建设宜居宜看城市是一个基本目标，但最终目标是提高城市承载力，聚集产业和财富，增强城市经济发展活力。"三年大变样"基础是转变城镇面貌，实现城市绿化、功能强化、环境优化、管理科学化，是城市软硬件条件的重大变化，但是又不止于此。大变样不只是建设宜居宜看城市，城市化也不只是人口向城市的转移和集聚，更重要的是，要以"三年大变样"为抓手，以省会城市和各中心城市为示范，带动全省城乡面貌的改变。以"三年大变样"为契机，促进政府执政能力的提高，促进城市建设和管理水平的提高。

　　"三年大变样"是提高城市竞争力的基础工程。城镇化是一个区域经济发展水平的重要体现，是改变经济结构和社会结构的重大举措。对于河北而言，现有的城镇面貌与建设沿海强省城市经济的要求还有差距，与我国沿海浙江、江苏、广东、山东等省区的城市面貌相比，还存在建筑粗糙、管理粗放、面貌落后的问题，利用三年时间下大力气改变城镇面貌，可以在较短时间内为广大城镇居民创造良好的工作生活环境，增强城市竞争力。充分发挥城市聚集产业、聚集人才、聚集生产要素、聚集人气、聚集财富的重要作用，使城市真正成为经济发展新的增长极。通过促进城市管理水平的提高，创造优良的投资创业、生产发展环境，吸引更多投资者参与城市经济建设和发展事业，吸引更多符合科学发展观要求的企业、产业、项目聚集，为城市经济的繁荣奠定基础，为城市社会进步创造条件。

　　"三年大变样"是拉动城市经济增长的重要动力来源。进行大规模的拆迁改造，会不会导致城市经济的滑坡？其实这种担心是没有必要的。实现城市"三年大变样"，不仅要进行大量的违法违章建筑拆迁和污染企业的改造迁移，同时还要进行大量新型工程的规划建设，这一切必然形成较大的投资需求和人力需求，对城市经济增长和职工就业形成较大的拉动作用。国内许多大城市建设改造的成功经验，也充分证明了这一点。为了筹办奥运会，北京市进行了大规模的城市建设改造，有力地拉动了城市经济增长，促进了职工的就业和再就业。可见，开展"三年大变样"工作不仅不会影响经济的增长和职工就业，相反还会更有力地拉动经济的发展，增加更多的就业需求。

　　因此，从这个角度和高度认识，"三年大变样"就不是一个拆迁重建、美化城市的活动，而是一个推进城镇化进程、提高城市活力和现代化水平的战略性举措。活动有时间性和阶段性，而把"三年大变样"放到推进城市化进程、提高城市现代化水平的长期过程来认识，就会深刻领会省委、省政府以"三年大变样"为突破口，带动城市经营和城市管理水平提高这一前瞻性举措的价值，进一步理解和把握"三年大变样"这一举措的重要性和战略意义，提高各级各部门工作的主动性、自觉性和紧迫性。

## 二、以"三年大变样"为契机，加快城镇化进程

1．坚持科学发展观，加强管理，以大气魄推进城市建设和城镇化。"三年大变样"，城镇面貌转变是基础，更重要的是提升城市建设和管理水平，提高各级管理部门的管理、服务水平。坚持科学发展、和谐发展，以更大的气魄推进城市建设工作，粗犷而不失精细，精细又不能迷失于细节而忽略大局。要有大气魄、大手笔，避免修修补补、小打小闹。

2．坚持以人为本，适度超前，全面推进城市现代化。要坚持以人为本，真正让广大人民群众从城市拆迁改造中得到实惠。城市建设要兼顾实用性与观赏性，各类建筑都必须符合有序、整洁、安全的根本要求，都要体现城市品位，与城市的整体风格相协调。城市规划要讲科学，反复论证，不能拍脑袋。要认真听取广大群众意见，接受群众监督，充分激发广大市民参与城市建设和管理的热情。要坚持拆迁与建设相结合，加快进度与保障民生相结合，特别注意适当增加商品房面积，保障被拆迁群众的居住需求，把好事办好，把好事做实。

确保实现"三年大变样"的目标，要高起点规划，立足当前，谋划长远，城市建设要有前瞻性和开放性。要高标准建设，争取在现有财力条件下，求新求特，体现城市文化品位、地域特色和人文气息，避免低水平重复，避免千城一面。要高水平管理，借鉴先进地区城市管理经验，提高管理决策的科学性和针对性，加快城市现代化，为促进全省城乡协调发展、推进沿海强省建设作出新的更大贡献。

3．坚持因地制宜，尽力而为，积极稳妥地推进城市建设。城镇化是一个长期过程，需要大量投资，受到经济条件的制约，不可能一蹴而就。实现"三年大变样，推进城镇化"，要遵循城市发展规律，坚持好中求快，不能急功近利、急躁冒进，搞硬性指标，下达指令性计划。各市和各县（市）一方面要充分认识城市改造和建设的紧迫性，从实际出发，量力而行、尽力而为，力争"每年一大步、三年大变样"，使全省城镇面貌明显改观。另一方面要坚持从实际出发，结合各地经济社会发展情况，积极稳妥地推进城市改造和城镇化。加快城镇建设、推进城镇化的重点是设区市，县以下要从实际出发，量力而行。要注重城镇面貌的转变，更要注重充分发挥和优化城镇功能，提高城市承载能力。

4．坚持政府引导，充分发挥市场机制作用，推进城市建设和城镇化。政府是城市建设和管理的主导，要进一步强化政府的主导作用，特别要充分调动市、区、街道三级的积极性，充分发挥职能作用，增强共识，统筹资源，协调联动，形成合力，提高行政部门的效能，增强执政能力，营造积极有序的城镇建设氛围。要注重发挥市场机制在城市建设和城镇化过程中的基础性作用，利用价格杠杆和利益机制引导土地资源配置、城市开发建设，提高土地等资源的配置效率和效益。要积极培育主体，通过工商、商务、税务、城管、质监等多部门联动，加快市场建设，恢复和扩大商业经营面积；减免税费，降低商户经营成本，推动被拆迁商户尽早复业，保障居民就业和居民生活需求。

5．坚持改革开放，加强金融制度创新，促进城市经济发展。城市改造需要大量资金，公共财政投入有限，应当按照"非禁即入"原则，进一步开放各类城市基础设施市场，吸引更多资金雄厚、管理水平高、经营实力强的开发商参与到城市建设管理中来，对城市建设实施大片开发与改造，加快提升城市综合承载功能，提高土地资源配置效率，增加附加价值，拓宽投资渠道，提升城市管理和经营水平。

6．坚持科技与教育先行，提升资源禀赋结构，为城市建设和城市现代化奠定坚实的基础。城市经济社会的持续健康发展，必须以提高城市自主创新能力为依托。城市竞争力的提升，基础是产业；产业结构的优化升级，决定因素是资源禀赋结构。因此，建设创新型城市，增强城市的产业发展动力，根本上要提高人才密度，加强科技和教育建设。一方面要从战略高度重视科技和教育，增加投入，遵循科研发展规律，对自主创新研发项目和团队予以持续支持，宽容对待科研失败，稳定科研领军人物和优秀团队的研究方向，创造差异化优势；另一方面要下大力气引进优秀人才和优秀科研团队，内外结合，增强城市的创新能力。这是城市发展的战略工程，应当制定长远规划，分阶段扎实有序推进，从根本上突破制约城市建设和城市现代化的瓶颈。

（本文作者武义青系河北经贸大学经济研究所所长，田学斌系河北经贸大学经济研究所教授）

# 加强城市文化建设
# 推进"三年大变样"的调查与建议

冯韶慧

　　实现城镇面貌三年大变样，是省委、省政府以科学发展观为指导，强力推进城镇化战略而提出的一项重大战略举措。在推进三年大变样进程中，文化工作应该怎么办、怎么干，怎样推进城市文化与城市经济、政治、社会全面协调可持续发展，是文化部门在学习实践科学发展观活动中需要认真回答的一个问题。近一个时期，围绕这一问题开展了专题调研。

　　人们普遍认为，当前经济社会发展已经进入城市时代，地域的竞争更多地体现为城市的竞争，而城市的竞争在某种程度上则是一种文化的竞争。适应城镇化加快推进的新形势，改变城市发展"千城一面"现象，必须把提升城市文化品位、增强文化软实力作为城市建设的重要内容，在不断满足群众文化需求的基础上提升城市的综合竞争力。

　　——文化建设与提升城市品位息息相关。城市的文化品位是一个城市的文化品质、文化地位以及由此产生的文化影响力的综合反映。提升城市文化品位，需要注重城市文脉的传承与延续、文化和经济的协调发展，重视打造城市的文化品牌和标志。

　　——文化建设与树立城市形象息息相关。当代各种经济要素流动高度顺畅，哪个城市最受关注，哪个城市就拥有吸引最大资源的可能，富于魅力的城市文化形象无疑将提升一个城市参与国际国内竞争的实力。从国际国内城市发展史来看，任何一个名城都无疑是一座具有鲜明文化形象，并由此启动每一个人内在文化需求的城市，从而吸引信息流、资金流、物资流、人才流，带来时尚消费、创意潮流，引领地区乃至世界的文化风尚。

——文化建设与彰显城市个性息息相关。无论是领导干部、专家学者还是文化艺术工作者，对当前城镇建设的千篇一律、缺乏个性化给予一定程度的批判，其内核是呼吁城镇要有特色、建筑要有地方文化个性。挖掘和整合历史文化资源，对城镇文化进行科学的定位，塑造个性、展示形象、内聚人心成为一种广泛诉求。因此，在城镇设计中要注意塑造有地域特色的文化形象，体现多元文化交织的地方风貌。

——文化建设与增强城市活力息息相关。城市文化是城市的灵魂，一个城市的活力更多地体现在文化上。城市规划、建设与发展只有树立科学态度、人文意识和文化认同感，才能唤起市民的归属感、荣誉感和责任感，才能产生巨大的智慧源泉和驱动力量。城市文化资源开发的最大化，也就是城市活力的最大化。

在调研中发现，城市文化建设还存在诸多问题。除思想认识方面的问题外，主要有这样几点：一是城市文化定位不明确。城市面貌不能体现自身的历史底蕴、资源优势、文化特色，城市形象不鲜明，文化品位不高。二是城市建设与文化遗产保护的关系不协调。一些城市在大拆大建中不仅不重视保护历史文化，反而存在舍弃、破坏历史文化遗产及其周边环境的现象，这实际上是在损毁城市的历史记忆、文化情感和可持续发展的资源，将铸成不可弥补的损失。三是城市文化设施不健全。有的设区市甚至没有图书馆、博物馆、大剧院等基本的标志性文化设施，社区文化中心等文化设施普遍缺乏更是各城市共有的问题。四是城市缺乏自主文化品牌。各市普遍缺乏文化名片，缺乏彰显地域特色和城市文化精神的剧目品牌、活动品牌。五是城市文化市场不繁荣。广大群众还没有形成良好的文化消费习惯和文化生活方式，文化消费层次、消费水平较低。六是城市文化氛围不浓厚。城市文化生活欠活跃，文艺演出、文化展

◎ 美丽的沧州

览、文化讲座等文化产品、文化服务的数量偏少、密度不高、质量欠优，还不能很好地吸引广大市民走进剧场、博物馆、图书馆等高雅文化场所。

通过调研，形成了四点共识：一是文化部门在"三年大变样"中肩负着重要责任，必须围绕中心、服务大局，努力有所作为。二是"三年大变样"也是加强和推进城市文化建设的重大契机，文化部门必须抢抓机遇、扎实工作，提升城市文化建设的水平。三是"三年大变样"需要文化引导和支撑，在推进中要重视和加强城市文化建设。四是加强城市文化建设是一项系统工程，需要文化与规划、建设等方方面面共同努力、密切协作。基于以上思考，提出如下建议。

## 一、加强规划，明确文化定位，彰显城市个性

城市规划是城市建设与发展的蓝图和基本依据。在推进城镇面貌三年大变样过程中，要统筹兼顾经济建设与文化发展、现代化建设与保护历史遗产，把城市文化发展目标和文化建设规划纳入城市建设总体目标和总体规划之中。

应加强当地文化脉系研究，明确城市文化定位。城市规划应在历史与现代的碰撞中追求"个性"，创造具有鲜明地方文化特色的城市景观。要加强对城市文化脉系的研究，厘清历史文化、革命文化和现代文化的发展脉络，从中提炼最能体现地方人文精神的文化元素和文化符号，并物化到城市建设中。

应注重自然环境和人文资源结合，重视人文景观规划。城市规划应讲求建筑与文化的紧密结合，讲求当代建筑与自然环境的和谐呼应，讲求街市、广场、高层建筑等的艺术品位，包括在规划设计园林、雕塑等小型景观时，注意赋予地域特色和个性风格，有机地起到"文化之眼"的功效。

应善待历史遗产，增强文化保护的责任感和紧迫感。城市文化的形成有赖于历史的积淀，不能以牺牲历史文化资源换取一时发展，重蹈"建设性破坏"的覆辙。要注意保留历史文化风貌，沿续城市文脉。要编制工业遗产专项保护规划，合理利用如华北制药等企业搬迁后的废弃设施，弘扬和传播工业文明。

## 二、立足建设，着眼满足需求，提升城市品位

文化设施是城市文明的标志，也是保障公民文化权益的物质基础。要完善

城市功能，必须加强城市文化设施建设。

应根据城市功能布局和人员聚集情况，制定文化设施建设规划。充分考虑城市应该具有的文化功能，把文化设施建设纳入城市建设规划，根据城市现状和发展蓝图，新建、改造或迁建一批博物馆、图书馆、影剧院、美术馆、群艺馆、文化馆等文化设施。

应坚持高起点设计、高标准建设，打造城市标志性文化设施。着眼于提升城市现代形象和知名度，有重点地建设一批博物馆、图书馆、大剧院等标志性的大型现代文化设施。注重选址的合理性、功能的超前性、设计的艺术性，使之具有鲜明特点、恒久魅力、强大的服务功能。

应重视城市文化设施的延伸服务，加强社区文化设施建设。中心文化设施应大力延伸和拓展服务功能，通过建设分馆、流动馆和网上馆等方式，把优质文化服务到社区和基层。加强社区文化设施建设，认真落实中办发〔2007〕21号文件提出的从城市住房开发投资中提取1%用于社区公共文化设施建设的要求，根据社区文化需求实际建设各具特色的文化设施，新建住宅小区应配套建设相应文化设施。

应注重打造专门的文化街区，形成城市的文化核心区。有条件的城市应根据文化设施功能的互补性，在空间摆布上尽量形成聚集、照应、连带关系，打造辐射力强的文化一条街、文化中心区等城市文化景观区。

### 三、提高档次，打造文化品牌，树立城市形象

城市形象靠文化来彰显，而文化形象必须靠品牌来维系。打造浓缩一方文化、扩大一方影响的标志性文化品牌应该作为城市建设的一项重要内容。要切实加大工作力度，力争经过两三年时间，打造一批国内外知名的河北文化品牌。

各地应把打造文化品牌作为城市文化建设的重要任务，以文化品牌彰显地域人文精神。要在明确自身文化优势、特色基础上，谋划打造展示和代表区域形象的文化节庆品牌、剧目演出品牌、文化旅游品牌等，使之成为城市的文化名片。

各级文化部门应把打造文化品牌作为文化工作的重要任务，大力实施品牌战略。以河北梆子、评剧、杂技等独具河北特色的艺术品种为重点，打造一批在全国有影响的剧目品牌。以中国吴桥国际杂技艺术节、中国评剧艺术节、河北梆子艺术节为重点，做大做强大型文化节庆品牌。加强文化与旅游的融合，打造实景式旅游文艺品牌。

应注意发挥文化名人效应，提高城市和区域的知名度。通过培训、包装、搭台、宣传等手段推出文化名人，充分发挥文化名人的品牌效应，强化和放大其亲和力和影响力，光大城市形象。

### 四、发展产业，搞活文化市场，增强城市活力

文化产业既是城市经济不可分割的有机整体，又是促进城市经济持续发展的重要支撑。

应根据当地文化资源禀赋和产业优势，制定文化产业发展规划。明确城市文化产业发展的中长期目标和重点，出台文化产业发展相关规划、政策，就文化产业项目建设、园区建设、人才培养、品牌塑造、投融资政策等问题进行科学论证和战略部署。

应立足文化市场和文化消费的培育，大力强化文化产业引导。大力发展文化产品和文化服务市场，着力培育文化消费市场，激活群众的文化消费潜力。建设文化产业创业和信息发布平台，积极发展经纪、评估等文化中介组织，使之成为连接文化服务和文化消费的有效环节。

应着眼优化发展环境，积极加强舆论引导。广泛利用报刊、电视、网络等媒体，大力宣传当地丰厚的文化资源、产业项目、知名文化产品、文化企业和优秀企业家，宣传优惠政策和良好环境，吸引更多的资金、人才、技术向文化产业领域聚集。

### 五、加强文化展示，开展公共服务，营造城市的浓厚文化氛围

各类文化设施、场所、单位要进一步明确服务标准，充分发挥服务功能，提供优质高效、普遍均等的公共文化服务。

应满足不同群体文化需求，维护群众基本文化权益。统筹兼顾不同人群的文化需求，采用政府购买、补贴等方式向基层、低收入和特殊群体提供免费文化服务。积极推进国有博物馆、革命纪念馆等公共文化设施逐步向社会免费开放，每年安排一定场次主要面向低收入居民的低价演出和放映等。

应以社区文化、企业文化、校园文化为载体，提升群众文明素质。加强社区文化建设，增强居民对社区的归属感和依靠感，提高社区居民的文化意识和综合素质。加强企业文化建设，活跃员工文化生活，增强企业的凝聚力。加强校园文化建设，积极开展高雅艺术进校园、传统文化进校园等活动。

应坚持贴近实际、贴近生活、贴近群众，建设多姿多彩的城市文化生活。充分利用各演出场馆，做到经常有演出、好戏连台唱，使城市文艺演出亮点不断、丰富多彩。依托具有鲜明地方特色和代表性的非物质文化遗产，广泛组织开展春节、清明、端午、中秋、重阳等传统节日文化活动，使广大群众参与其中、乐在其中。

（本文作者系河北省文化厅厅长）

# "三年大变样"的文化思考

赵景之

河北省委提出城镇面貌三年大变样的战略决策之后，很快以其所向披靡的操作力度和与百姓根本利益的关联深度，在全省上下产生了强烈反响。社会各界在议论中思考，在思考中参与。这是久蓄于民心的一种美好追求的集中迸发，是发展"突围"的一次能量释放，是大步前进的一次具有阶段意义的路径选择。

笔者为"三年大变样"所激励和鼓舞，从文化层面进行了几点思考，希望能对其健康开展有所贡献和补益。

**第一，需要对"三年大变样"的精髓给予深刻的文化解读，使其实践深度和结果显示出文化意识的群体自觉和现代文化理念的牢固确立**

对城镇面貌三年大变样工作，省委、省政府已有全面部署，对任务目标、战略重点、政策措施、进展步骤都有明确的阐述和要求，这也是"三年大变样"初战告捷的思想保证和政策保证。但是，"三年大变样"是一个长期的战略决策，它的最终结果体现在实践深度上，而实践深度则依赖于对战略的深刻理解和正确把握。"三年大变样"的核心问题，当然是一个"变"字。"变什么?怎样变?变向哪里?"这是问题的要害。旧变新，拥挤变疏朗，"脏乱差"

变"洁齐美"，这当然是最直观的要求，但仅此并不是我们的决策初衷，更没有长期保持的根本条件。我理解，按省委要求，至少要在三个大的关键问题上实现"变化"：一是经济结构的变化。笨重的初级产品，落后的技术构成，以大量消耗资源和牺牲环境为代价的财富形成方式，这是我们必须尽快改变的状态。问题的关键在于当一种经济结构、产业结构形成之后，它的稳定性往往又助长人们经济行为的保守性和惰性。已有格局不敢轻易打破，新的领域不敢贸然涉足，对熟悉领域的固守往往成为新的创造性的无形束缚力。二是与第一个问题紧密相联的经济增长方式的变化。经济增长方式是打破落后经济结构的基本力量，而新的经济增长方式除了对基本项目的选择之外，它更是一种理念的更新，它应该把眼光从资金的筹措、自然资源的占有等方面更多地转向人才的开发，高新技术的拥有等方面。用创造性思维，用开放的眼光，不仅是"提供"需求，而应是"创造"需求。三是生活方式的变化。生活方式是一个高度抽象的概念，又是一个十分具体的行为方式。固守一种文化的传承是生活方式，追逐新潮、时尚也是一种生活方式。我在这里所强调的是更多地用开放式、社会化的生活方式冲击长期小农经济形成的陈旧方式，沟通多于疏离、创造多于因循、信任多于防范……现代城市生活理应为此创造氛围，提供条件。

综上所述，对"三年大变样"的深刻理解，是深度实践的保证。这种意识和精神，实质是一种文化理念。城市大变样，绝不仅仅是城市建设学，也不仅仅是城市经济学，从根本上讲它应该是城市人类文化学。"'三年大变样'是贯彻科学发展观的一个具体抓手"，这个"抓手"的文字表述是那样的通俗、浅显，而它所连结的目标却是那样的沉重和宏大。如果没有深刻的文化解读，把"抓手"仅仅当做轻飘飘的"把柄"和"绳索"，决策的初衷则相去远矣！人类社会在其发展中的每一次进步，都会形成一种文化的累积和沉淀，"三年大变样"也应产生同样意义的结果。

此外，在我们的生活实践中，往往有这样的情况，当一个有远见卓识的战略提出之后，许多人对其缺乏深刻、准确、全面的认识和把握，在实践过程中打了很大折扣，造成很大的结果遗憾甚至半途而废。一些人在总结时不在理解深度和操作力度上找原因，而是从根本上否定战略本身。若干年后，当我们再

◎ 张家口解放桥

一次因错失良机而慨叹"又落后了"的时候，除了痛心疾首的后悔外，却找不到任何具体责任人。这种现象务请实践的组织者引起高度警觉。

### 第二，应该把"三年大变样"的高层追求和目标，放到提升城市文化魅力、凸显城市文化特色上

"三年大变样"这一战略举措的深度实践，必然对于河北沿海经济社会发展强省的建设，对于调整和提升经济结构和产业结构，对于打造环京津的河北城市群产生具体的推动力量。但是，一个现代化城市，一个聚集产业、聚集财富、聚集人口的人类生活"场"，应该是实力、活力、竞争力的聚集和释放，而这"三力"的实质是人的文化力。世界上高楼林立、人口众多、设施气派而被人称之为文化荒漠的城市不乏其例。那绝不是我们的变化方向。

文化是一种氛围，可以看到，可以听到，可以闻到，它是立体的传递，是全方位的熏染。文化的消费，是一种感知和体验。提升城市的文化魅力，做强城市的"软实力"，至少要做好四个方面的大文章：一是从源头抓起，高起点、大手笔、开放性做好城市的总体规划。这是具有法律效力、需长期遵循的框架规范，必须民主讨论、专家论证、精细操作、谨慎出台。对城市的性质定位、结构布局、形体色彩等等都要有高水平的规划设计，特别是对标志性建筑，必须要有文化意义的要求，尽可能让每一条街道、每一个小区、每一幢大型建筑，都有一定的文化承载，传递一定的文化信息。二是张扬特色，做好历史文化资源的保护、开发和利用。历史文化资源是城市文化特色的基石，是"城市记忆"的载体，也是文化自信的根脉。城市改造中必须保护好、利用好这种不可再生资源。三是城市必须拥有基本的文化服务设施和文化休闲场所。这也是需要从规划之初就必须充分考虑的问题。四是努力为文化产业的强势发展创造优越的条件。在当今世界，对文化"量"的大小和"势"的强弱的评估，可以触摸的尺度就是文化产业的经济估量。现代城市既要为文化产业的发展提供政策扶持和条件支撑，也要有氛围的烘托。

总之，城市大变样，文化绝不能缺位，也不能仅做装点和陪衬。着眼于人的自我完善发展，文化是主角，文化是灵魂。城市的品位也在于此。

**第三，"三年大变样"的城市文化建设，必须拥有设计一流、满足需要、结构科学、布局合理的大型文化服务基础设施**

一个埃菲尔铁塔和卢浮宫张扬了巴黎的文化魅力；一组百老汇演出集群，绘就了纽约的文化底色；一座歌剧院使悉尼名扬天下……这就是标志性文化设施的价值和影响力。我们也有成功的例证，一个"艺术中心"奠定了石家庄在世界杂技大赛场的地位。我们在今天的城市改造和建设中，还应在量力而行的前提下，力争建设一批一流的大型文化设施。

大型文化设施，一要基本上满足阶段性需求；二要类别结构大体科学，图书馆、博物馆、剧场、影院、休闲广场等，以满足人们多元化需求为原则；三要布局合理，根据人口密度和区域功能，合理布局，方便消费。

大型文化设施，也要在以政府为主兴办事业的前提下，尽可能放宽政策，吸收社会资本，形成多元投资的局面。特别是以市场取向为经营方向的项目，要积极鼓励民间资本兴办。

大型文化设施，也是在不断变化中的事物。人口的变化、人们收入的变化、消费层次的变化，都会影响文化设施的效能发挥。因此，规划大型文化设施，也应留有余地，开放性规划，尽量避免不必要的浪费。

与此相联的就是文化产品的生产与文化活动的组织，多出精品、多出人才、创出品牌，丰富文化生活，活跃文化市场，最大限度地发挥文化场所的社会功能。

（本文作者系河北省文联党组书记）

**图书在版编目（CIP）数据**

激情跨越：河北省城镇面貌三年大变样谋篇布局/河北
省城镇面貌三年大变样工作领导小组，河北省新闻出版局
编 . —石家庄：河北人民出版社，2011.8
（河北走向新型城镇化的实践与探索丛书）
ISBN 978 - 7 - 202 - 05891 - 6

Ⅰ.①激… Ⅱ.①河…②河… Ⅲ.①城镇-发展-河北省-
文集 Ⅳ.①F299. 272. 2 - 53

中国版本图书馆 CIP 数据核字（2011）第 064653 号

| | |
|---|---|
| 丛 书 名 | 河北走向新型城镇化的实践与探索丛书 |
| 书 名 | 激情跨越 |
| | ——河北省城镇面貌三年大变样谋篇布局 |
| 主 编 | 河北省城镇面貌三年大变样工作领导小组 |
| | 河北省新闻出版局 |
| 责任编辑 | 宋 佳 |
| 美术编辑 | 于艳红 |
| 责任校对 | 张三铁 |
| 出版发行 | 河北出版传媒集团公司 河北人民出版社 |
| | （石家庄市友谊北大街３３０号） |
| 印 刷 | 河北新华联合印刷有限公司 |
| 开 本 | 787 毫米×1092 毫米 1/16 |
| 印 张 | 13. 5 |
| 字 数 | 191 000 |
| 版 次 | 2011 年 8 月第 1 版 2011 年 8 月第 1 次印刷 |
| 书 号 | ISBN 978 - 7 - 202 - 05891 - 6/C · 218 |
| 定 价 | 66. 00 元 |